富山大学人文学部叢書 IV

人文知の
カレイドスコープ

富山大学人文学部 編

巻頭言

　富山大学人文学部は、教員が専門領域を超えた研究交流と学部全体の研究向上を図るため、またその成果を学生教育の充実と地域貢献の促進に役立てるために、「富山循環型人文知研究プロジェクト」を開始した。

　本書は、その一環として開催した令和二年度公開研究会「『人文知』コレギウム」の成果である。

　書名の『人文知のカレイドスコープ』は、歴史、哲学、文学、言語学、地理学、社会学などの多様な研究分野の教員が、多角的に「人」の有り様に迫る意を表している。カレイドスコープ（万華鏡）さながらに豊かな人文学の世界を知る一助となれば、幸いである。

目　次

附：2020年度　富山大学人文学部富山循環型「人文知」プロジェクト
　　公開研究交流会「『人文知』コレギウム」発表題目一覧
（2020年度は新型コロナ感染症拡大のため、すべてオンラインで開催）
　※「コレギウム」とは、ラテン語で「仲間たち」の意である。

第19回（2020年11月7日）　特別シンポジウム「感染症と人文学」
1709－13年のペストとスウェーデン

入江幸二（歴史文化コース）

近代フランス社会と感染症－ウィズ・コレラからアフター・コレラへ－
梅澤礼（ヨーロッパ言語文化コース）

20世紀初頭アメリカにおける感染症と公衆衛生
　－「腸チフスのメアリー」の記憶－

小野直子（歴史文化コース）

ラフカディオ・ハーンと感染症②－「コレラの時代に」考－
中島淑恵（ヨーロッパ言語文化コース）

パンデミックと現代文学－20世紀ディストピア小説をふりかえる－
武田昭文（ヨーロッパ言語文化コース）

第20回（2020年11月18日）　「日本語の世界」

南米日系人の日本語と日本文化－世代間継承に注目して－

中井精一（東アジア言語文化コース）

ミンナ解ケテル準体方程式から、ある種の主節動詞に起因する準体構造の形式化

樋野幸男（言語学コース）

第21回（2020年12月16日）　「コロナ特別企画①」

COVID-19をめぐるボランタリーな地理情報(VGI)の最前線

鈴木晃志郎（社会文化コース）

第22回（2021年2月3日）　「コロナ特別企画②」

感染症とセクシュアリティの二重スティグマ化

－COVID-19下の韓国LGBTQコミュニティに起きたこと－

林夏生（社会文化コース）

新型コロナウィルスがもたらす心理

黒川光流（心理学コース）

第23回（2021年3月10日）　「国家建設を考える」

未承認国家とディアスポラ

－ロンドンの「ソマリランド・ディアスポラ」の動向－

須永修枝（社会文化コース）

第1章
日本語の世界

日本語の運用と継承
ブラジル富山県人会の調査をもとに

中井精一

1. はじめに

　言語は、異なる言語との接触を繰り返すことによって姿を変えていく。私たちが日常的に使用し、理解する言語接触のあかしとしては、外来語をあげることができよう。外国の言語から入った語を外来語と言うが、古くは中国から日本語に入った漢語も外来語であり、中国語との接触によって受容した借用語とも言える。

　日本語の借用語には、漢語以外にも室町時代のポルトガル語、江戸時代のオランダ語があり、明治にはフランス語とドイツ語、また戦後は英語があげられるが、現在の日本語はこういった借用語なしには成り立たず、日本語はさまざまな言語との接触によって維持・発展してきたとも言える。

　一方、近代以降、移動の自由にともなって、生まれ育った地域から他地域に移住する人びとが増えたことで、言語接触の機会は増大した（北陸地方の人びとによる北海道移民や日本各地の人びとが大挙して東京を目指したことなどは、日本国内の移動ではあるが、異なる方言域への移民であり、当然、言語接触によることばの変化が想像される）。そして日本語の言語接触は、やがて日本国内から海外に広がり、多くの日本人がハワイや北米、アジアや南米に移住したことで現地の言語と日本語が接触し、さまざまな日本語のバリエーションを生むことになった。

　この報告では、科学研究費海外学術調査「南米日系人社会における複言語話者の日本語使用特性の研究」（金沢大学・松田真希子代表）において、在ブラジル富山県人会の支援で実施した日本語および富山県方言に関する調査をもとに、日本語運用の実態を報告する。とともに、ブラジル日系人社会における「日本語」・「地域方言」の継承ならびに習得の意義、ありようについて考えてみたい。

２．日本語学における移民研究と言語接触研究

２．１．日本人の移動と言語の接触

　先にも述べたが、近代以降、移動の自由にともなって、生まれ育った地域から他地域に移住することで言語接触の機会は増大した。特に日本の領土が、台湾や朝鮮半島、南樺太、そして南洋諸島に伸びるに至って、かつてないほどの日本語と他言語との接触が生じた。

　日本が統治した地域で発生した言語接触は、膨大な量にわたるが、それに関する資料は極めて少ない。たとえば台湾や南洋群島であるミクロネシアにおける言語接触の報告は極めて少なく、戦前の植民地でどのようなバイリンガリズムがあったのか、また戦後、日本語がどのような跡を残したかなどの研究は不十分なまま残されている[1]。

２．２．これまでの調査と成果から見えてくる言語接触の事例

　南洋群島における日本語の実態について、筆者は、パラオ共和国アンガウル島において、複数回の現地調査をおこなっている。それらの調査から、

日本語との接触によってパラオ語に取り入れられた日本語の借用語としては、hadashi（裸足）、okyak（お客）、skoki（飛行機）、skojio（飛行場）、osoi（遅い）、karui（へっちゃら）などのあることがわかっている。ただ、パラオの借用語では、私たちが使

図1　パラオ共和国アンガウル島での調査

用する日本語と比べて、意味の拡大や縮小、ずれのあることがわかっている。たとえばパラオの「osoi」は、スピードが遅いや遅れているという意

1　近年、簡月真（2011）『台湾に渡った日本語の現在』（明治書院）ダニエル・ロング、新井正人『マリアナ諸島に残存する日本語』（明治書院）朝日祥之（2012『サハリンに残された日本語樺太方言』（明治書院）等が刊行され、研究の進展も少しずつ見られるようになっている。

味には使わない。パラオ語での「osoi」は、夜遅くの意味しかもたない。また「karui」も重さなどの意味では使わず、パラオ語の「karui」は、気にしない、へっちゃらだという意味にしか使わない、といった特徴も確認されている。

　なお、パラオにおける日本語からの借用語については、今村圭佑、ダニエル・ロング（2019）『パラオ語における日本語の諸相』（ひつじ書房）に詳しい。

２．３．移民と言語の変容について

　渋谷（2010）では、移民の言語の変容／交替過程を以下のようにまとめている[2]。

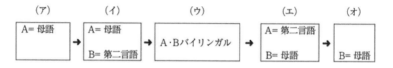

図2　移民言語の変容／交替過程

　言語の変容、交替のプロセスは、移住者が成人の場合、3世代をかけて起こることが多い。移住1世は、出身地で母語を習得のうえ移住し、移住先で現地の言語に接するため、おおむね（イ）の段階まで進む。その子供である移民2世は、（ウ）の段階あるいは（エ）の段階となり、3世になると（エ）あるいは（オ）の段階となる。（エ）の段階は、移住先の言語が母語になり、移住1世の母語であった言語が第二言語になることを意味している。そして（オ）の段階は、移住先の言語が母語となり、1世の母語であった言語は消滅することを示している[3]。

2　渋谷勝己（2010）「移民言語研究の潮流：日系人日本語変種の言語生態論的研究に向けて」『待兼山論叢　文化動態論篇』44　p4
3　移住者の言語運用能力や移住先の環境によって、進度にいくつかのバリエーションがあると考えられる。

3．フィールドとしてのブラジル日系人社会

3．1．富山県からの海外移民

　富山県からの海外移民は、明治18年（1885年）に官約移民としてハワイに渡ったことにはじまり、以降、3000名余りが、ハワイのみならず太平洋をわたって各地の国々に移住した。なかでも南米諸国へは、明治42年（1909年）に16名がペルーの地を踏んで以来、2000名余りがブラジル、アルゼンチンほか南米各地に移住したとされる[4]。

　今回、調査の対象となった富山県にルーツをもつ日系人は、そのほとんどがサンパウロ州ミランドポリス市にある「第三アリアンサ」に移住した人びとの子孫であり、ここは多くの富山県人が移住したことから「富山村」と呼ばれている。

　アリアンサ移住地は、1924（大正13）年に信濃海外協会によって開設された第一アリアンサ、1926（大正15）年に信濃海外協会と鳥取海外協会が共同開設した第二アリアンサ、1927（昭和2）年に信濃海外協会と富山海外移民協会が共同開設した第三アリアンサ、1926（大正15）年に熊本海外協会が開設したヴィラ・ノーバ移住地などがある。

市町村	移住先国	ブラジル 戦前	戦後	計
富山市	旧富山市	312	80	392
	旧大沢野町	59	19	78
	旧大山町	58	1	59
	旧八尾町	83	6	89
	旧婦中町	33	10	43
	旧山田村			
	旧細入村	19	2	21
	富山市計	564	118	682
高岡市	旧高岡市	71	23	94
	旧福岡町	22		22
	高岡市計	93	23	116
射水市	旧新湊市	18		18
	旧小杉町		2	2
	旧大門町		7	7
	旧下村			
	旧大島町	7	12	19
	射水市計	25	21	46
	魚津市	86	14	100
	氷見市	121	29	150
	滑川市	31	8	39
黒部市	旧黒部市	82	22	104
	旧宇奈月町	33	8	41
	黒部市計	115	30	145
砺波市	旧砺波市	18	6	24
	旧庄川町	6		6
	砺波市計	24	6	30
	小矢部市	45	15	60
南砺市	旧城端町	56	3	59
	旧平村	8	1	9
	旧上平村	1		1
	旧利賀村	1		1
	旧井波町	32	4	36
	旧井口村			
	旧福野町	14	1	15
	旧福光町	54	7	61
	南砺市計	166	16	182
	舟橋村	4		4
	上市町	22	13	35
	立山町	90	8	98
	入善町	70	8	78
	朝日町	80	13	93
	市町村不明			
	合計	1,536	322	1,858

表1　市町村別富山県からのブラジル移住者

4　富山県南米協会（2019）「富山県と南米　交流の歴史」『設立四〇年のあゆみ』p.10-12

富山県からのブラジル移住については、1927（昭和２）年、「長引く不況にともなう過剰人口と食糧不足の問題に対応し、農業経営難を緩和するため」、南米移民事業が計画され、幹事の松沢謙二（福野農学校教諭）らが、６月４日「さんとす丸」で神戸港から出発したことにはじまる[5]。

3．2．第三アリアンサ移住地

　第三アリアンサの開拓には、大変な苦労がともなった。移住者たちは、

自らの手で家を建て、井戸を掘り、原始林を切り開かなければならなかった。またマラリアの蔓延やイナゴの大群による食害、大干ばつなどの災害にも見舞われ、極めて厳しい環境に堪え忍ぶような生活が長く続いた。

図３　開拓当初の第三アリアンサ[6]

　現在の第三アリアンサはいくつもの地区に分かれていて、各区には、数家族が暮らす。各戸は、およそ24200平方メートルの広大な敷地を有している。日本人の住む移住地のほとんどには会館があって、そこでさまざまな行事が開催されている。第三アリアンサでは、最初の10年間は学校が会館の役目を果たしていたが、その後、学校や野球場の周囲に会

図４　現在の第三アリアンサ

5　富山県南米協会（2019）「ブラジル移民とアリアンサ開拓」『設立四〇年のあゆみ』p53-55
6　昭和２年入植当時の家屋（富山県南米協会の提供）

館を建設され、現在も地域コミュニティの中心機能を果たしている。

３．３．在ブラジル富山県人会

　サンパウロには、日本の47都道府県すべての県人会が存在している。

　県人会事務所の多くは、かつて日本人街と呼ばれたLIBERDADE地区にある。ブラジル富山県人会は、1960年に発足し、現在の会員家族数は、300家族で、LIBERDADE地区に事務所をおいている。

図5　サンパウロ富山県人会での聞き取り調査

　一般的に県人会の建物は、母県の予算で建設し、運営、維持管理は県人会がおこなうという方法がほとんどである。富山県人会も一昨年、富山県と高岡市の支援を受けて会館を改築し、宿泊施設は、地方からサンパウロにやってくる県人会関係者やLIBERDADE付近にある大学に通学する子弟の下宿のような機能も有している。

３．４．調査について

　調査は、2016年９月から2019年９月にかけて、５度、ブラジルに赴き、のべ25日間、ブラジル富山県人会の支援で、富山県にルーツをもつ人びとおよびその子孫に行った[7]。なお調査地は、第３アリアンサおよび隣接するミランドポリス、サンパウロにある富山県人会事務所およびサンパウロ郊外のコロニアピニャールである。

　調査項目は以下の通りである。

調査では、１日本語運用能力、２富山県方言の運用および残存について調べた。調査１では、自然談話をもとにしつつ、日本語、ポルトガル語の借

7　話者情報は、調査結果を示した表２に示した。

用に注目した。たとえば、日本語の苦手な2世たちは、

1. トシオさん、comprovante を私に送ってください。(comprovante：レシート)

2. 大使館に Visto を取りに行ってください。(visto：ビザ) のようなポルトガル語を借用した日本語を用いることが多い。またポルトガル語の苦手な1世たちは、コロニア語と呼ばれる日本語とポルトガル語との中間言語を用いることが多かった。たとえば、

3. O gohan está pronto.（ご飯の用意はできています）
O：定冠詞 Pronto：用意はできる Está：～ている

4. Os ex-kenshuuseis também participaram do Bônenkai（前の研修生たちも忘年会に参加しました）Os：定冠詞 ex：前の/旧 também:も participaram：参加しました do：の忘年会の参加

5. Vamos preparar tempurá para o shinenkai（新年会のために天ぷらを作りましょう）Vamos：～ましょう preparar:作る para：のため o：定冠詞
のようなポルトガル語を使用する。

そこで調査1では、自然談話をもとに日本語運用能力およびポルトガル運用能力を推定したうえで、日本語をポルトガル語に、ポルトガル語を日本語に翻訳してもらう方法をとった。

図6　第三アリアンサの南健一さん・なつえさんへの聞き取り[8]

8　南健一さんは、1932年に家族で第三アリアンサに移住したいわゆる子供1世で、奥さんのなつえさんも同じく戦前移住の子供1世である。現在、息子さんである南勇さん（2世・農牧業）と奥さんである南としこさん（3世・主婦）、孫の南エドワルドいちおさん（4世・学生）、南アンデルソンよしかず（4世学生）、南ルアナるみ(4世・学生）たちと第三アリアンサで生活している。

日本語文

1：私のおじいさんは、第三アリアンサにおばあさんといっしょに来て、
　　開拓しました。

2：おじいさんは、牧場をつくり、ゴムの木も植えました。

3：子供の時にブラジルに来たおとうさんは、ポルトガル語をうまく話す
　　ことできませんでした。

4：富山県人会は年の終わりは餅つきします。

5：富山県人会は、日本祭で、すき焼き丼と海老天とコロッケを売ってい
　　ます。

ポルトガル文

1 a)：Meu avô veio para a Terceira Aliança com minha avó e foi o
　　　pioneiro

2 a)：Meu avô construiu um pasto e plantou seringueiras

3 a)：Quando meu pai veio ao Brasil quando era criança, ele não
　　　conseguia falar português bem.

4 a)：A associação Toyama faz mochitsuki no fim do ano.

5 a)：A associação Toyama vende Sukiyaki-don, Ebiten e korokê no
　　　Festival do japão.

調査２では、「富山県方言番付」を使用し、伝統的な富山県方言の使用や理解の状況を確認することで、父祖の地の言語である「富山県方言」の継承を把握することにした。「富山県方言番付」には富山県民の多くが日常的に使用する方言が上位語に並べられている。

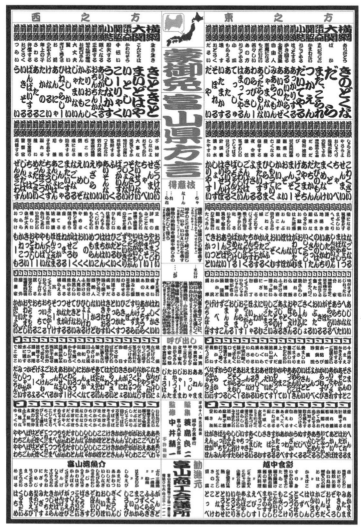

図7　富山県方言番付

4．結果と考察

4．1．調査1：日本語運用能力

おおよそ以下のような傾向が見られた（aポルトガル語　b日本語が苦手な日系人の「日本語」　cポルトガル語が苦手な日系人の「ポルトガル語」　dブラジル日系人社会にみられる日本語で、コロニア語と通称されもの）。

1：私のおじいさんは、第三アリアンサにおばあさんといっしょに来て、開拓しました。

a）Meu avô veio para a Terceira Aliança com minha avó e foi o pioneiro

b）私のおじいさんは、第三アリアンサ　おばあさんといっしょに来ました。開拓しました。

c）Meu avô veio com minha avó Terceira Aliança e cultivaram lá.

d）私のおじいさんは、Terceira Aliança おばあさんといっしょに来ました。Cultivação しました。

2：おじいさんは、牧場をつくり、ゴムの木も植えました。

a）Meu avô construiu um pasto e plantou seringueiras

b）おじいさんは、牧場つくりました。ゴムの木植えました。

c）Meu avô fez pasto e plantou árvores da borracha.

d）おじいさんは、pasto つくりました。Seringueira 植えました。

3：子供の時にブラジルに来たおとうさんは、ポルトガル語をうまく話すことできませんでした。

a）Quando meu pai veio ao Brasil quando era criança, ele não conseguia falar português bem.

b）おとうさんは子供の時ブラジルに来ました。ポルトガル語できませんでした。

c）Quando era criança meu pai veio Brasil. Ele português não falava muito bem.

d）おとうさんは子供の時ブラジルに来ました。português できませんでした。

4：富山県人会は年の終わりは餅つきします。

a）A associação Toyama faz mochitsuki no fim do ano.

b）富山県人会は年の終わりは餅つきします。

c）Toyama Kenjinkai faz mochitsuki fim do ano.

d）富山県人会は fim do ano は餅つきします。

5：富山県人会は、日本祭で、すき焼き丼と海老天とコロッケを売っています。

a）A associação Toyama vende Sukiyaki-don, Ebiten e korokê no Festival do japão.

b）富山県人会はすき焼き丼、海老天とコロッケが日本祭に売っています。

c）Toyama Kenjinkai no Festival do Japão vender Sukiyaki-don e Ebiten e korokke.

d）富山県人会はすき焼き丼、海老天とコロッケが Festival do Japão に売っています。

上記のような回答の類型があり、調査結果は表2のようになった[9]。

　調査結果からおおよそ以下が確認される（○は問題のない運用、△は不自然な運用、×は運用できない）。

1世

・1世の調査はできなかった。

・子供1世は、ポルトガル語△　日本語△（日本人に比べ）

・戦後1世は、ポルトガル語△　日本語○

2世

・都市部の2世は、ポルトガル語○　日本語△（日本人に比べ）

・コロニア（日本人移住開拓地）の2世は、ポルトガル語○　日本語○（家庭環境もある）

・都市部の子供一世の子（3世相当）は、ポルトガル語○　日本語×

9　調査時の回答には、いくつかのバリエーションがあったが、紙数の関係で回答の類型化をした。

3世
・コロニアの3世は、ポルトガル語○　日本語○（家庭環境もある）

調査項目		1 私のおじいさんは、第3ありあんさにおばあさんといっしょに来て、開拓しました。		2 おじいさんは、牧場をつくり、ゴムの木も植えました		3 子供の時にブラジルに来たおとうさんは、ポルトガル語をうまく話すことできませんでした。		4 富山県人会は、年末に餅つきをします。		5 富山県人会は、日本祭りで、すき焼き丼と海老天とコロッケを売っています。		話者追加情報
地点	性別・年齢・世代	記号	傾向	記号	傾向	記号	傾向	記号	傾向	記号	傾向	備考
サンパウロ	男・70歳・2世	a/b	ポルトガル語○日本語△	a/b	ポルトガル語○日本語△	a/b	ポルトガル語○日本語△	a/b	ポルトガル語○日本語△	a/b	ポルトガル語○日本語△	II世　発音不鮮明
アリアンサ	男・88歳・I世	c/b	ポルトガル語△日本語△	c/b	ポルトガル語△日本語△	c/b	ポルトガル語△日本語△	c/b	ポルトガル語△日本語△	c/b	ポルトガル語△日本語△	子供I世
アリアンサ	男・51歳・2世	a1	ポルトガル語○日本語○	a2	ポルトガル語○日本語○	a3	ポルトガル語○日本語○	a4	ポルトガル語○日本語○	a5	ポルトガル語○日本語○	II世　両親日本滞在経験あり
アリアンサ	女・53歳・2世	a1	ポルトガル語○日本語○	a2	ポルトガル語○日本語○	a3	ポルトガル語○日本語○	a4	ポルトガル語○日本語○	a5	ポルトガル語○日本語○	II世　両親日本滞在経験あり
ミランドポリス	男・85歳・I世	c/b	ポルトガル語△日本語△	c/b	ポルトガル語△日本語△	c/b	ポルトガル語△日本語△	c/b	ポルトガル語△日本語△	c/b	ポルトガル語△日本語△	子供I世
ミランドポリス	男・35歳・2世	a	ポルトガル語○日本語×	a	ポルトガル語○日本語×	a	ポルトガル語○日本語×	a	ポルトガル語○日本語×	a	ポルトガル語○日本語×	II世　両親日本人
コロニアピニャール	男・82歳・I世	b1	ポルトガル語△日本語○	b2	ポルトガル語△日本語○	b3	ポルトガル語△日本語○	b4	ポルトガル語△日本語○	b5	ポルトガル語△日本語○	I世　戦後移民下新川出身
コロニアピニャール	女・81歳・I世	b1	ポルトガル語△日本語○	b2	ポルトガル語△日本語○	b3	ポルトガル語△日本語○	b4	ポルトガル語△日本語○	b5	ポルトガル語△日本語○	I世　戦後移民射水市出身
コロニアピニャール	男・52歳・2世	a1	ポルトガル語○日本語○	a2	ポルトガル語○日本語○	a3	ポルトガル語○日本語○	a4	ポルトガル語○日本語○	a5	ポルトガル語○日本語○	II世　両親日本人　日本滞在経験あり
コロニアピニャール	女・24歳・3世	a1	ポルトガル語○日本語○	a2	ポルトガル語○日本語○	a3	ポルトガル語○日本語○	a4	ポルトガル語○日本語○	a5	ポルトガル語○日本語○	III世　祖父母両親とも日本人　日本滞在経験あり
コロニアピニャール	男・19歳・3世	a1	ポルトガル語○日本語○	a2	ポルトガル語○日本語○	a3	ポルトガル語○日本語○	a4	ポルトガル語○日本語○	a5	ポルトガル語○日本語○	III世　祖父母両親とも日本人り

表2　調査結果：ブラジル日系人社会における日本語とポルトガル語の運用状況

　　こういった傾向は先行研究で確認できたものとほぼ一致しており、渋谷（2010）で描かれる移民の言語の変容／交替過程とも合致する。

4．2．調査2：富山県方言の使用と継承について
　　富山県方言の使用と継承については、先にも述べたように「富山県方言番付」を用いて確認した。ここでは番付上位50語について、使用○、使用

しないが理解（聞いたことがある）■、わからない（聞いたこともない）×をもとに報告する。

調査項目 地点	性別・年齢・世代	きときと（生き生き）記号	備考	まいどはや（こんにちは）記号	備考	いとしい（かわいそう）記号	備考	こーりゃく（手伝い）記号	備考	うしなかす（紛失する）記号	備考	50項目集計 ○	■	×
サンパウロ	男・70歳・2世	×		×		■		■		×		0	8	42
アリアンサ	男・88歳・1世	×		○		○		○		○		38	0	12
アリアンサ	男・51歳・2世	■	日本滞在時	×		■	日本滞在時	■		×		0	12	38
アリアンサ	女・53歳・2世	■	日本滞在時	×		■	日本滞在時	■		×		0	16	34
ミランドポリス	男・85歳・1世	×	日本滞在時	○		○		○		×		39	0	11
ミランドポリス	男・35歳・2世	×		×		×		×		×		0	0	50
コロニアピニャール	男・82歳・1世	×		○		○		○		○		20	15	15
コロニアピニャール	女・81歳・1世	×		○		○		○		×		18	18	14
コロニアピニャール	男・52歳・2世	×		■	日本滞在時	■	日本滞在時	■	日本滞在時	×		0	11	39
コロニアピニャール	女・24歳・3世	■	日本滞在時	■	日本滞在時	×		×		×		0	10	40
コロニアピニャール	男・19歳・3世	×		×		×		×		×		0	0	50

表3　調査結果：富山県方言の使用と継承

調査結果からは、おおよそ以下の傾向が読み取れる。

1世
・1世の調査はできなかった。
・子供1世は、富山県方言の知識が豊かである。
・戦後1世は、移住地での方言使用を抑制したため、理解語彙に留まる。

2世
・都市部の2世は、富山県方言の知識がある。
・コロニアの2世は、富山県方言の知識がある。
・都市部の子供一世の子（3世相当）は、日本語ができず、富山県方言もわからない。

3世

・コロニアの３世は、日本語はわかるが、富山県方言はほとんどわからない。

5．まとめ

　表２および表３に示した回答をもとにすれば、日本語の運用については、（子供）１世は、母語である日本語はできるが、移住先の言語であるポルトガル語は不十分な状態にあった。２世にはいくつかの類型があって、都市部の２世は、ポルトガル語がほぼ問題なく運用できるが、日本語は不完全な状況にあった。ただ、コロニア（日本人移住開拓地）の２世は、家庭環境にもよるが、ポルトガル語も日本語も問題なく運用できる。３世については、一般的に都市部の３世は、ポルトガル語の運用はできるが、日本語はほとんどできないと言われる。しかしながら今回の調査では、コロニア（日本人移住開拓地）の３世は、家庭環境にもよるが、ポルトガル語も日本語も問題なく運用できていた。

　富山県方言の使用と継承については、（子供）１世は、富山県方言の知識が豊かである。ただ戦後１世は、移住先のコロニアでは標準語の使用が一般的であったことから、方言使用が抑制される傾向にあって、その影響が、コロニアピニャールに戦後移住した１世の回答にもうかがえる。次に２世であるが、都市部、コロニアともに２世は、富山県方言の知識を有している。ただし、その知識は言語形成期に習得されたものではなく、そのほとんどは富山県人会の推薦による富山県への留学や研修、仕事での滞在によって学び、習得したものであった。この傾向は、３世にも言えて、富山にルーツをもつ日系人であっても富山県への滞在経験のない者は、富山県の方言がもはやほとんどわからない状況にあった。

　ブラジル日系人社会における日本語の動態については、中東（2005）、中東（2006）、永田（2010）などがある[10]。たとえば永田（2010）では、ブラ

10　中東靖恵（2005）「ブラジル日系・奥地農村地域における言語シフト‒アリアンサ移住地における言語使用の世代的推移」『岡山大学文学部紀要 44』、中東靖恵（2005）「ブブラジル日系移民社会における「コロニア語」の位置」『岡山大学文学部紀要 70』、永田高志 (2010)「ブラジル日系社会再訪」『文学・芸術・文化』第 22 巻第 1 号

ジル日系人の出稼ぎに注目し、出稼ぎが日系社会の暮らしと言語に与える影響について述べ、1、出稼ぎによって生活語としての日本語は復活しない、2、日本語教育は継承言語教育から外国語教育として発展しつつある、3、出稼ぎによる労働力の移出が日系社会の空洞化と荒廃とつながる、などと指摘している。確かに今回の調査で訪れた各地の日本語学校において、「国語」の教科書を用いた日本語教育は減少傾向にあった。また2世や3世は日本語の運用ができても、日常的日本語を使用することはなく、彼らの第一言語はポルトガル語であり、日本からの帰国者であっても日本語を第一言語にしている様子はうかがえなかった。また、かつて「富山村」と言われた第三アリアンサにおいても日系社会の空洞化と荒廃が進み、富山県方言を理解する人はいても使用する人は皆無に等しかった。

　ブラジル日系人社会における日本語の維持と継承、地域日本語である富山県方言の維持・継承は、かつてない危機を迎えている。日本語および富山県方言習得とそれを促進する政府・自治体の施策が望まれるとともに、日本語の普及や拡大にむけたこれまでの取り組みについても見直す時期にきているように思っている。

参考文献

ブラジル日本移民資料館（2008）『目でみるブラジル日本移民の百年 (ブラジル日本移民百年史 別巻) (Portuguese Brazilian)』風響社

市川利雄（松尾幸子訳）（2010）『富山県からブラジルへ ブラジルに存在する富山県の歴史』富山県南米協会

NHK取材班（2019）『データでよみとく 外国人"依存"ニッポン』光文社新書

第 2 章

COVID-19　特集：感染症と人文知

1709 ～ 1713年のペストとスウェーデン

入江幸二

1. はじめに

　本稿では、1709年にバルト海世界で流行しはじめ、翌年からスウェーデンに蔓延したペストをとりあげる。当時のスウェーデンは、ロシアをはじめとする周辺諸国とのあいだで大北方戦争（1700～1721年）を戦っていた。しかしポルタヴァの戦い（1709年）で大敗を喫し、その力は弱体化していった。またこの戦いのあと国王カール12世（位1697～1718年）はオスマン帝国に一時逃れており（1709～14年）、国政の最高責任者が不在であったまさにその時、ペスト禍にみまわれた。この疫病に対してスウェーデン政府はどのような対策をとったのか、また当時の戦争政策や後世になんらかの影響を及ぼしたのか、ささやかな検討を加えたい。

　1710～13年にスウェーデンで流行したペストでは、10万～20万が死亡したとされる。このペスト禍については、B・タレルードやO・ラーションが簡潔にまとめており、本稿でもその見解を適宜紹介する。またR・ショフィールドによれば、当初はネズミ＝ノミ経由で腺ペストが拡大し、次いでヒト＝ヒト経由で肺ペストが蔓延したという。肺ペストは致死率が高く、それがこのペスト禍による被害を大きくした一因である[1]。

　本論に入る前に、ペストについて簡単にまとめておきたい。これはペスト菌（Yersinia pestis）によって引き起こされる伝染病で、1894年にフランスのアレクサンドル・イェルサンがこの菌を発見した（北里柴三郎も同時期に発見しているが、第一発見者はイェルサンとされている）。もともと齧歯類の体内にある菌で、ノミを介してヒトに感染する。またこの病気は症状により3種類に分けられ、一般的な型は「腺ペスト」とされる。悪寒・

1　Berndt Tallerud, "Pesten i Sverige 1710-13 påminde om digerdöden", *Läkartidningen*, vol.107, nr.13/14, 2010, s.929-932; Olle Larsson, *Stormaktens sista krig : Sverige och stora nordiska kriget 1700-1721*, Lund, 2009; Roger Schofield, "The Last Visitation of the Plague in Sweden : The Case of Bräkne-Hoby in 1710-11", *Economic History Review*, vol.69, no.2, 2016, pp.600-626.

発熱・嘔吐や下痢などの症状のほか、鼠径部などのリンパ節が大きく腫れ
て炎症を起こしたり、皮膚に紫斑があらわれる。腺ペストから肺炎を併発
したものが「肺ペスト」で、リンパ節の腫れや紫斑はあまりない代わりに
血痰・喀血があったり、呼吸困難に陥る場合もある。さらに悪化した場合
は「敗血症ペスト」を発症し、短時間のうちに死亡する。

　ヨーロッパは過去何度もペスト禍に見舞われた。記録に残るものとして
は、紀元541〜544年にビザンツ帝国で流行したいわゆる「ユスティニアヌ
スの大疫」が最初とされている。有名なのは1347〜1352年の「黒死病」で、
ペルシア・黒海方面からイタリアを経由して西ヨーロッパに広がり、人口
の半分以上が亡くなったとも言われている。その他、1665〜1666年にはロ
ンドンで大流行し、7万〜8万人が死亡した。1720〜22年にはマルセイユで
11万〜12万人の命を奪ったが、その後ヨーロッパでは大規模な流行は収まっ
ている。

２．18世紀初頭のスウェーデン

　17世紀のスウェーデンは「大国時代（Stormaktstiden）」と呼ばれ、現在
のフィンランド・エストニア・ラトヴィア・北ドイツの一部などを領有す
る「バルト海帝国」を現出していた。1680年代には軍事・財政上の改革が
進むとともに絶対王政が確立したが、大北方戦争に敗北してニスタッド条
約が締結された結果、フィンランド・北ドイツの一部を除いて多くの領土
を失った。

　1700年頃の人口は、バルト海帝国全体で250万人、スウェーデンで140万
人、フィンランドで35万人ほどであった。スウェーデンに限定すると上述
のように10万〜20万人がペストで亡くなったとされるので、人口の7〜14％
が死亡したことになる。人口55,000人のストックホルムの場合、22,000人が
死亡したことが1711年春の集計で分かっており、ペスト禍の深刻さが窺え
る。

　ところで、1709年7〜8月にはダンツィヒ（現グダンスク）でペストが発
生している。この報を受け、スウェーデン当局（国王参事会、以下「参事
会」と表記）は8月25日に、「出発地の乗船券を提示させ〔……〕港のすぐ

【表】1630〜1726年　1000人あたり死者数（現スウェーデン国境内の地域）

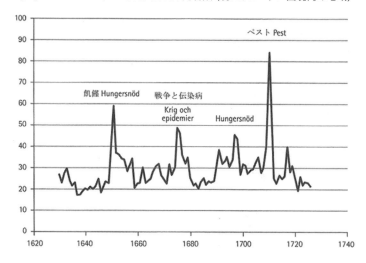

<出典> Susanna Hedenborg och Mats Morell, red., *Sverige – En social och ekonomisk historia*, Lund, 2006, 52頁の表に加筆。

【地図I】バルト海地域の主なペスト感染地（1709〜13年）

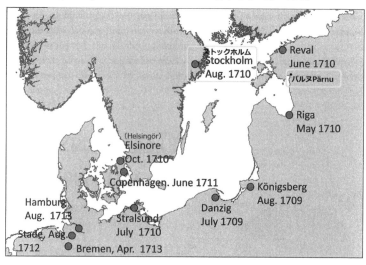

<出典> Karl-Erik Frandsen, *The Last Plague in the Baltic Region, 1709-1713*, Copenhagen, 2010, 490頁の地図に加筆。

そばで健康証明書を発行し、内容が確認されるまで留め置かれる。疑わしい船員・貨物・乗員は上記の場所に40日間留め置かれる[2]」という布告を出している。ただしその実施は徹底を欠いていた。領土外のことであるし、またポルタヴァでの敗戦直後ということも鑑みれば、規制の強化が経済の停滞につながりうる恐れがあったためであろう。

3．ペストへの対応

　1710年6月、パルヌ（ペルナウ）からストックホルムに一隻の小型貨物船が到着した。船長をはじめとして計6人が1週間ほどで亡くなったが、当初は何の病気か分からなかった。病気が蔓延し始めた夏、ある仕立て屋が医師組合（Collegium medicum）議長の医師ウルバン・イャーネを見かけ、自分の妻が長らく患っていて鼠径部に痛みとただれがあると訴えた。ここから病気がペストであることが判明し、当局も本格的な対策に乗り出した。

　まず、上述の前年8月25日の布告を確認する通達をストックホルムで出したのち、宮廷がサーラに、参事会がアルボーガに、スヴェーア高等裁判所がヴェステロースに移転した。いずれも首都ストックホルムから西に100km以上離れた内陸に位置する。

　次いで10月24日、参事会は12項目に及ぶ布告を発した[3]。

　　1）ストックホルムほか感染地からは、特別に要請されていない限り出てはいけない

　　2）上記に違反すれば、罰金100銀ダーレルを払う

　　3）ストックホルムから来た者はまず40日隔離。それをしなければ、旅人であれ水兵であれ100銀ダーレルを払う

　　4）祝い事等で来ている外国人は、滞在できない

　　5）感染していない地域から来る者あるいは通過する者は、検査を受

2　Anders Anton von Stiernman, utg., *Samling utaf Kongl. Bref, Stadgar och Förordningar angående Sweriges Rikes Commerce, Politie och Oeconomie*, vol.6, Stockholm, 1775, s.3. なお「40日間」という日数は、1348年にヴェネツィアで黒死病が流行した際、入港する船舶に対して40日間までの停船・隔離期間が設けられたことに由来する。

3　*Ibid.*, s.24-27.

け、すみやかに移動する

6) 家主は、市参事会に毎朝状況を報告する

7) 物乞い・浮浪人は、路上あるいは家屋内にいるだろうが、すみやかに保護される

8) 街路・裏通りは毎日清掃して清潔にし、悪臭と悪い空気を取り除くこと。家主はこれをしなければ3銀マルク払う

9) 公的な場所・広場・街路は、教会や家と同じく、杜松の小枝・硫黄・タール・角・その他医師が効果を確かめたもので頻繁にいぶす

10) 感染地域から来て病気になった者は町から隔離し、参事会はそのための施設を用意する

11) 病死者が出れば、死装束も葬礼もなしにすみやかに市外で遺体を焼くか、深く掘った穴に埋める

12) 市内に家があって家人が病気になれば、そこを離れるとともに、家に白い十字をつけて周囲に知らせる

　その他に次のような対策がとられた。①感染者が多い州との州境は軍隊を配置して人の移動を規制、②都市において、豚の所有者は豚をすみやかに市外に出す、③犬・猫は「見つけ次第」問答無用で殺す、④ミサの開催頻度を減らす、⑤市外にある市場への出入り禁止、⑥学校・大学の閉鎖、⑦結婚式などは中止する。さらに遺体の処理については、遺体を寝具のリネンに包んで棺に入れて石灰をかけること、大型4頭立て馬車に棺6つを載せて迅速に運び出すことが支持された。しかし死者が多数にのぼり、埋葬できないまま家の中で1週間以上置かれることもあったという。

　総じて、人の移動を規制すること、清潔にしておくこと、感染者をすみやかに隔離すること、病死者をすぐに埋葬すること、この4点にまとめることができよう。当時は毒素あるいは神の怒りがペストの原因であると考えられており、隔離・衛生管理・燻蒸などの対策は経験則にもとづいたものだった。なお燻蒸については現代的な意味での消毒を狙ったものではなく、臭いや煙が鼻に入ると病気が身体から追い出される、という中世以来の考え方に従ったものである。

4．ペストとカール12世の政策

　このような対策をとっていたにもかかわらず被害は拡大していったわけであるが、ではペストの流行は大北方戦争の帰趨に、あるいは戦争政策に、何らかの影響を及ぼしたのだろうか。

　まずオスマン帝国に亡命中のカール12世の姿勢であるが、積極的な対応をしていたようには見えない。彼は滞在先のベンデルから留守政府宛に頻繁に書簡を送っているが、管見の限りでは、ペストについてまとまった発言をしているのは以下のものだけである。

> 「余カールは大変心苦しく思っている。8月16日付の汝らの書簡によると、我が王国の様々な場所を伝染病がふたたび飲み込んでいるという。さらに蔓延しないよう注意深くあらゆる対策をとっているであろうことを余は疑ってはいないが、とりわけ政府はあらゆる人に配慮し、苦しみがなくなるように。斯くの如く余は命じる。1711年10月26日、ベンデルにて。[4]」

　「ふたたび」とあるのは、三十年戦争（1618〜48年）のさなかにペストが流行したことを指しているものと思われる。逆に言えば、それ以来ペスト禍に見舞われることがなかったのであり、彼にとっては未経験の事態であったはずである。しかしこの書簡をみる限り、焦りのようなものは感じられない。留守政府に信頼を置いていたということかもしれないが、いずれにせよ通り一遍の反応である。

　亡命中のカール12世は、オスマン帝国を焚きつけてロシアに宣戦布告をさせようと策動していた。その結果1710〜11年に両国は開戦し、その間スウェーデンはロシアとの大きな戦闘を避けられた。タイミングとしては、ペスト禍に苦しむスウェーデン臣民の負担を軽減する意図があったようにも見えるが、上記の書簡からはそう判断するのは難しい。ひとまず、ペスト禍が王の戦争政策に直接影響を及ぼすことはなかったとしておきたい。

4　*Historiska handlingar*, vol.9, Stockholm, 1874, s.44.

5．1713～14年議会における市民身分の反応

　これに対して、スウェーデン臣民の側はどのような対策を求めていたのだろうか。ここではエリートではない立場で、かつ身分制議会（riksdag）における議事録が残っている市民身分の部会を対象として、ペストに関連する発言を中心に検討したい。

　まず1712年、カール12世は戦費獲得のため、軍事貢納金と財産税の賦課を提案した。軍事貢納金は都市に賦課される臨時税であり、財産税とは臣民各自の地代収入や不動産をもとに資産価値を産出し、その2％に相当する額を課税するというものである。しかしペスト禍に苦しむ諸身分は提案を拒否し、和平を要請した。これを受けてカールは翌年、負担割合を修正した1713年案（奉公人や職人など相対的に貧しい階層の負担を軽減）をあらためて提示した[5]。

　1714年1月14日午後に開かれた市民身分の部会では、セーデルシェーピング市代表のノルベリ氏が「ペストが市民の大半を奪ってしまったのだから、1713年方式にもとづくしかない」と発言している。ペスト禍による犠牲を考慮した修正案を受け入れ、課税案そのものには反対していない。

　次のペストに関する発言は、1714年3月11日午後の議事録に現れる。ニューシェーピング市代表のマルムベリ氏が、「当市は1689年に1,988ダーレルの貢納金が割り当てられており、今回は1,000ダーレルが割り当てられている〔……〕もはや耐えられない。貿易はさっぱりで、ペストで多くの市民が亡くなっており、生き残った者も貧民が多い。」と発言している。

　これに対してノルシェーピング市代表のフォン・ベルゲン氏が、「マルムベリ氏が言うようなことはない。ニューシェーピング市の方は大げさに言っており、我が都市こそ収入が失われている」と反論した。さらにアルボーガ市代表のペトレ氏も「ニューシェーピング市は大きな損害を受けていることを証明できていない」と駁している[6]。議論の結果、王の提案をすべての身分は受容したが、市民身分部会での議決に限れば、ニューシェーピン

5　Åsa Karlsson, *Den jämlike undersåten : Karl XII:s förmögenhetsbeskattning 1713*, Uppsala, 1994.

6　Stadshistoriska institutet, utg., *Borgarståndets riksdagsprotokoll före frihetstiden*, Uppsala, 1933, passim.

グ市は署名していない。

　こうしたやりとりで注目されるのは、市独自の事情を理由に貢納金を免れようとしたニューシェーピング市の姿勢が批判された点である。大北方戦争に加えてペスト禍のなか、種々の負担は王国住民たちが受け入れざるをえないものとして、広く認識されていたものと考えられる。しがらみにも似たこのような認識は、スウェーデン王国に住まう者たちの共同体意識が強化されつつあったこと物語っているのではないだろうか。

6．おわりに

　以上、はなはだ簡単ながら戦時下のペストとそれに対するスウェーデン人の反応をまとめてきた。ペスト禍はきわめて大きな人的被害をもたらしたが、それにもかかわらず戦争政策に決定的な影響を及ぼしたとは考えられない。亡命中のため国王が実態を把握しきれなかった面はあるだろうが、そもそも現代と違って戦争に対する認識が必ずしもネガティブなものではなく、利益となりうると考えられていたことも関係しているだろう。

　後世への影響という点については、タレルードによりつつまとめておきたい。

　まず、多くの犠牲をだすまでに蔓延した理由であるが、当時の衛生観念ならびに衛生状況が現代と異なっていたことが大きい。とくに当時の家屋は窓が小さく室温も低かったため、人とベッドにノミやシラミが集まりやすかった。1708〜09年に不作に見舞われていたことも、人々の健康を脅かしていた。ポルタヴァでの敗戦後に敵国からの攻撃が強まり、防衛のため兵士が頻繁に移動したこともペストの拡大に影響した（その表れとして、首都ストックホルム、大陸側に近い南部のスコーネ地方、港湾都市がとくに被害が大きかった）。また17世紀後半にはペストが発生していなかったため、免疫がなかったことも指摘されている。

　ではこのペスト禍は、後世に何らかの影響を及ぼしたのか。タレルードによれば、住居でガラス窓を使うことが増えて室内に日光を取り入れやすくなり、室温が高くなってノミ・シラミがベッドにばかり集まるということが減った。また石材・レンガが建材に用いられることが増え、ペスト菌

を媒介するネズミが家屋内に侵入しづらくなったという。17世紀のうちに
タオルと水で身体を洗い、夜には服を着替えることが一般化していたこと
も相まって、この後ペストの流行はなくなった。

＜基礎参考文献＞

・石坂尚武「黒死病でどれだけの人が死んだか－現代の歴史人口学の研究から－」『人文學』
　第189号、2012年3月、111-272頁。
・蔵持不三也『ペストの文化誌－ヨーロッパの民衆文化と疫病－』朝日新聞社、1995年。
・玉木俊明『移動・交易・疫病－命と経済の人類全史－』星海社、2020年。
・ウィリアム・バイナム（鈴木晃仁・鈴木実佳訳）『医学の歴史』丸善出版、2015年。
・宮崎揚弘『ペストの歴史』山川出版社、2015年。
・山本太郎『感染症と文明－共生への道－』岩波書店、2011年。
・Peter Englund, *The Battle That Shook Europe : Poltava and the Birth of the Russian Empire*,
　London/New York, 2006.

【地図2】「バルト海帝国」の郵便網 (1680年代)

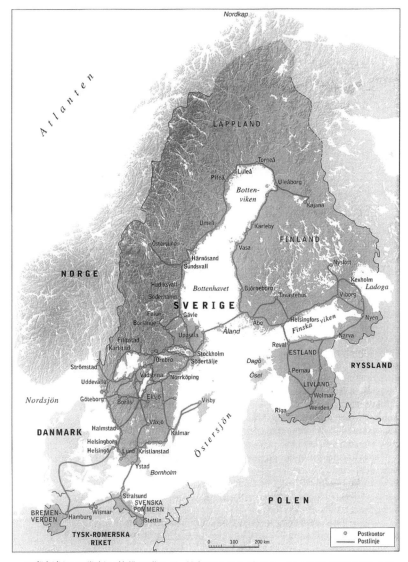

※郵便網は17世紀に整備が進んだ。情報のみならず、ヒト・モノの移動経路でもあるため、ペスト流行の経路ともなった。

＜出典＞ Nils Erik Villstrand, *Sveriges historia 1600-1721*, Stockholm, 2011.

感染症と人文学
ビフォー・ウィズ・アフター「コレラ」のパリ

梅澤　礼

> あまりに多くのできごとがあり、あまりに多くのもの
> が壊れたり、別なふうに作り直されたりした。ぼくら
> の感情や観念がそうだし、目つきや話し方、歩き方、
> 寝方まで変わった。(…) これからはもうけっして以
> 前のままではない[1]。

はじめに

　中世ヨーロッパで猛威をふるったペストは、フランスでは1730年以降報
告されなくなっていた[2]。そのかわり近代フランス社会は新たな感染症に直

1　ジャン＝マリ・ギュスターヴ・ル・クレジオ『隔離の島』、中地義和訳、筑摩書房、2013年、388頁。
　　まるでこれまでの生活が一変し、新しい生活様式を余儀なくされた今のわれわれについて
述べているかのようである。
　　この言葉はしかし、決して悲観的なものではない。伝染病が蔓延するこの島は、銃と拡声
器を持った一人の男に支配されていた。だが男が感染の恐怖から正気を失うと、「騒ぎを起こ
すでも大声で威嚇するでもなく、ただ女たちのリズムで(351-352頁)」、移民たちが日常生活
を取り戻してくれるのである。こうして、力づくで不平等で争いに満ちた社会は、おだやか
で平等で平和に満ちた社会へと変わるのである。
　　それはまた、父権的な社会から母権的な社会への変化なのかもしれない。移民の少女シュ
ルヤヴァティの出自には、見事なまでに男が関わらない。祖母はインドで、死んだ女が抱え
ていた女児(シュルヤヴァティの母)を助けた。その後祖母と母は「女、子供の街と化した」
都市で、「王妃」を信奉するジプシーの「女たち」と行動を共にするが、二人の存在を快く思
わない「冷たい女神」がジプシーの「唯一の男児」を殺してしまったことから、二人はジプシー
たちと別れモーリシャスへと渡ることになったのである。そんなシュルヤヴァティと結ばれ
るのが、モーリシャスの家父長的で権威主義的な一族の分家に生まれた男である。二人が授
かるのはやはり女子であり、本家も男子に恵まれず、末裔の女性が独身のまま長寿を全うし
たことで消滅する。
　　われわれを待つアフター・コロナの世界も、「もうけっして以前のままではない」ものの、「平
安と幸福(351頁)」に満ちたものであると信じたい。
2　次にペストが流行するのは第一次大戦直後のことである。モニク・リュスネ『ペストのフラ
ンス史』、同文館出版、1998、210-212頁。

面することとなった。コレラである。

　コレラはもともとガンジス川を訪れた巡礼者の間で拡まる、ひとつの風土病（エンデミー）にすぎなかった。しかし植民地化にともなう交通の発展や人の移動が原因となって、19世紀、この風土病は世界的な伝染病（パンデミー）となったのである。とくに1826年に始まった第二次流行では、コレラはインドからロシアをまわってヨーロッパ、その後アラビア半島、カナダ、アメリカ、そして中南米にまで達した。フランスもこの脅威から逃れることはできず、1832年、パリでは18602人もがコレラで死亡した[3]。

　本稿は、筆者企画のシンポジウム「感染症と人文学」（2020年11月7日）における、19世紀パリのコレラに関する発表をもとにしたものである。パリのコレラについては、これまで多くの研究がなされてきたが、本稿はあくまで今の—新たな感染症に直面した2020年の—視点から、ビフォー・コレラ、ウィズ・コレラ、そしてアフター・コレラのパリの人々と社会のようすを見つめ直してみたい。

1. ビフォー・コレラ

　1831年夏、コレラがイギリスを襲いはじめたころ、パリではすでに特別病院や救援所[4]の設置が提案されていた。また、年に一度行われていたハムの見本市も、県をまたいで商人が集まってしまうことから、パリの中心部ではなく外れで行われることが決定した[5]。さらに8月には、パリ中の道路や建物の清掃状態がチェックされた。しかしその結果、多くの場所で不備が見られることとなったのである。たとえばパリ中心部にあったレ・ザルシという貧しい地区では、「便所に蓋がついているところはひとつもなく、胸の悪くなるようなにおいが発散していて、板やタイルにまで糞便が積もっていた[6]」という。あらゆる伝染病は瘴気（においを放つ腐った空気）によっ

3　Louis Chevalier et alli, *Le choléra. La première épidémie du XIXe siècle*, La Roche-sur-Yon, Imprimerie centrale de l'Ouest, 1958, p. 3.
4　救援所には医学部生400人も配置されることとなった。
5　Henri Gisquet, *Mémoire de M. Gisquet*, t. I, Marchant, 1840, p. 422-424.
6　J. Bertholet, *Observations de médecine pratique sur le choléra morbus de Paris en 1832 et 1833*, De Just Rouvier et Le Bouvier, 1835, p. 18-19.

て引き起こされると考えていた当時の人々にとって、このような建物が伝
染病の温床にならないはずがなかった[7]。

　ときに伝染病とは、ある日突然現れる、異質étrangeかつ外部のétrangère
病であった。当時のある医師は言っている。「伝染病は決して、われらの都
市の内部で発生するのではない。（…）それは常に近隣の市町村から（…）
われらの都市に持ち込まれるのである（ダルモン：674）。」伝染病には、よそ
の土地のもの、それもとくに、発展の遅れている土地のものとしてのイメー
ジがあったのである。そのため、全世界規模でのコレラ禍にあっても、別
の医師はこのように言っていた。「この病は、あの小アジア、ロシア、ポー
ランドの泥だらけで不潔な地域でしか被害をもたらしていない[8]。」未開の
地域のものである伝染病が近代社会で流行するわけがないという、「ポス
ト・ペストの楽観論[9]」が根強くあったことがわかる。ところがパリにも不
衛生がはびこっていることが、コレラに備えた調査の中で確認されたので
ある。パリの人々は近代社会の中に、いわば未開の地域や人々が存在する
ことを知ってしまったのだった[10]。

7　マラリアも mal（＝悪い）と aria（＝空気）を語源に持っている。当時マラリアはヴェネチア
　などでも多く発生しており、運河から発生した瘴気が原因であると考えられていた。ピエール・
　ダルモン『人と細菌 17-20 世紀』、寺田光徳、田川光照訳、藤原書店、2005 年、111 頁。
　　コレラによる死者が埋葬されるのを見たハイネも「墓地のいちばん高い丘の上に逃げ」て
　いるが、これも死者が放つ有害な空気を避けるために取った行動なのだろう。ハインリッヒ・
　ハイネ「フランスの状態」、筑摩書房（世界文学大系 78）、1964 年、316 頁。
8　François Delaporte, *Le savoir de la maladie. Essai sur le choléra de 1832 à Paris*, PUF, 1990, p. 7.
9　見市雅俊の言葉。見市ほか『青い恐怖白い街―コレラ流行と近代ヨーロッパ』、平凡社、1990 年、
　43 頁。
10　見市はこれを「内なるアジアの再発見」と呼ぶ（見市：140-141）。
　　こうした点においてルネ・バルジャヴェルの近未来小説『荒廃』（1943）はわれわれにとっ
　て興味深い。南米のノワール（noir＝黒）皇帝は自国の広場からホログラムを使って白人社
　会に宣戦布告をする。「その広場では、原色のとりどりの衣装をつけた、黒人の女や子供や老
　人たちが、歓声の咆哮をあげ（…）熱気のこもった悪臭、あらゆる体液のまざりあったにお
　いがぎらぎらする裸身から立ち昇」り、人工的な香りに慣れた主人公は圧倒される（65 頁）。
　ノワールが放った武器によってフランスの電気は止まり、やがて地下に保存されていた死者
　たちからコレラが蘇る。「（死者たちの）共同陳列所では、まず、ぶつぶつとつぶやき声がお
　こった。何百万という死者たちがいっせいにさざめきはじめたのだ。（145 頁）」そのコレラに、
　高層階に住む主人公の恋人ブランシュ（blanche＝白）も感染してしまう。コレラはやはり未
　開社会という外部からもたらされるものであり、また近現代（近未来）社会が内部に抱える
　未開の部分から生まれるものとしても描かれているのである。ルネ・バルジャヴェル『荒廃』、

　では、せまりくるコレラに対し、どのように立ち向かえばよいのか。行政が目をつけたのが、chlorure de chaux という化学物質であった。いわゆる塩化カルシウムのことであるが、当時の塩化カルシウムは次亜塩素酸カルシウムの不純物を多く含むものでもあった。これを使って、壁やトイレや側溝、さらには市場の調理器具まで、ありとあらゆるものが洗われたのである（Gisquet:425-427）。こうして1831年から32年にかけて、花の都パリには「塩素の薄気味悪いにおい[11]」が広まった。コレラという未開の病を、パリの人々は近代化学で迎え撃とうとしていたのである。

　年が明けて1832年2月、あのレ・ザルシ地区で一人死亡する。どうやらすでに1月の段階でコレラとおぼしき患者は確認されていたが、医師たちはコレラ発生宣言を出し渋っていたらしい。そして3月26日に4人が亡くなると、それを皮切りに5日後にはたった1日で86人が死亡、さらに5日後には、同じく1日に300人が死亡した。こうしてパリでは、4月だけで12773人が死亡したのだった。その後6月半ばにかけて第一派は収束に向かうのだが、7月に始まった第二波は10月まで続くことになる（Gisquet:438-439）。

2. ウィズ・コレラ

　こうしてパリはウィズ・コレラ期に突入する。しかし当初、一般人は危機感を共有していなかったようである。当時のパリを描いたウージェーヌ・シューの大衆小説では、3月下旬、裕福な女性たちがおしゃべりに興じているのであるが、

　　「楽しんでおくのが賢明よ。そう長くは楽しんでいられなそうだもの。」「まあどうして？」「だって、コレラがパリにやって来るんでしょう？」「そんな、まさか！」「あなた、コレラを信じてるの？」（…）「今コレラはロンドンにいるって聞いたわ。」「どうぞそのままよいご旅行を！」「ねえ私、別の

竹田宏訳、世界 SF 全集 25、早川書房、1971 年。

11 Anais Bazin, «Le choléra-morbus à Paris», *Paris, ou le livre des cents-et-un*, t. V, Ladvocat, 1832, p. 353. 裕福な家庭の中には塩化物でいっぱいの花瓶を置くところもあったという。François Magendie, *Leçons sur le choléra-morbus*, Chez Méquignon-Marvis, 1832, p. 247.

ことをお話したいんだけどいいかしら[12]。」

　こうして彼女たちの関心はよそへと移ってしまうのである。コレラはパリまで来ないだろう、来たとしても自分たちがかかるわけがない、という楽観論がここにもうかがえる。しかしながら、この会話がなされていた場についても考えてみなければならない。彼女たちはパリで行われていた猛獣ショーを見に来ていたのである。猛獣ショーとは、猛獣を眺める空間であると同時に、いつ猛獣に襲われてもおかしくない空間でもある。猛獣と同様に未開の存在であるコレラも、まさかここまでは来るまいとみくびっていたのに、じつはすぐそこまで迫っていたのである。それでも新聞は、「患者はみな庶民階級に属している[13]」として、未開の病にかかるのは同じくらい未開な庶民だけであるかのように報じていた。だが死者数が増えてゆくのを見て、裕福な人々はパリから逃げ出したのだった[14]。

　パリに残された庶民の中にも、やはりコレラを軽視する者がいたようである。「庶民は、コレラなんて来るわけがないと言って遊びふけったり、酔っ払ってコレラに対抗しようとしたり、薬局につめよせる臆病な人たちをからかっては困らせたりした（Bazin:358）」という。中には「怯えた庶民の士気を高めてやろうと（Sue:793）」あえてお祭り騒ぎを催した者もいたらしい。だがいよいよ身の回りで死者が出てくると、その「怯えた庶民の士気」は矛先を変える。そもそもウイルスと言う言葉の語源（毒）が示すように、姿の見えない伝染病を、昔から人々は毒を手に持つ者のイメージで捉えてきた。中世には毒を撒いていると言われてユダヤ人が虐殺されたし[15]、近世を舞台にしたマンゾーニの小説でも主人公が「ペスト塗り」であると疑われ追いかけられている。マンゾーニは言う。

12　Eugène Sue, *Le Juif errant* (1844-45), Laffont, 1983, p. 752.

13　*Le Journal des débats*, le 28 mars 1832. 上層階級と下層階級は「ヨーロッパとオリエント」ぐらいかけ離れているのであるから被害は少ないはずだとする者もいた。Emille Littré, *Du choléra oriental*, Germer-Baillière, 1832, p. 115.

14　ハイネによれば「遠くアジアからやってくるというコレラは、われわれが（…）まだ貧乏なごろつきだと思ってわれわれを死なせる、とブルジョワは考えたらしい。」（ハイネ：314-315）

15　リュスネ、前掲書、49頁。「ペスト塗り」とは、なんらかの液体を人や建物に塗り病をもたらすとされた人間のこと。

こうした災難に遭うと人心はとげとげしくなり、執拗に迫る危険を前にしていらだってくる。それだけにいとも容易にそうした風説に飛びついた。というのも、怒れる人は常に懲罰を望むからであり、（…）怒れる人は憎悪の根源を邪悪なる人間性に求めがちなものである。それというのも相手が人間である限りは報復することが出来るが、憎悪の根源が人間外の原因であるとなると、もはや諦めるほか仕方ないからであろう[16]。

ウィズ・コレラのパリの庶民も例外ではなかった。コレラがはやっているのは、誰かが泉や井戸に毒を入れているからだと考えたのである[17]。さきほどのシューの大衆小説では、一見客として酒場を訪れた男の災難が描かれている。

　　毒を盛る者がいるといううわさを知り心配していた酒場の女主人は、この男の大きな背丈、嫌な顔つき、粗野なようすに、すでに不安を覚えていた。だが男が水差しの上に手を伸ばすと、女主人はすっかり怯えきってしまい、叫び声をあげたのだった。「ああ！なんてことを！おまえさん、この水差しに何か入れただろう！」大声で、恐怖の響きをもって発せられたこの言葉に、席についていた酒飲みたち2、3人はガタッと立ち上がると、カウンターに駆け寄り、そのうちの一人が軽率にも叫んだ。「こいつ、毒を盛ってるやつだ！」（Sue:810）

こうしてこの一見客は酒飲みたち、シューに言わせれば「パリの沈殿物の中にいて、仕事もせずにうろつく、堕落した下層民（Sue:788）」たちから暴行を受け、殺されてしまうのである。同じような冤罪は酒場以外でも見られたようで、この時期のパリに滞在していたドイツの詩人ハイネも、散歩をしていただけの人が毒の所持を疑われて虐殺されるようすを記している

16　アレッサンドロ・マンゾーニ『いいなづけ』（1827）、平川祐弘訳、2006年、661頁。
　　　「防衛的反応は懲罰的意思を倍化しながら攻撃的になる」というのはまさにこのことなのだろう。ルネ・ベレル「悪疫の流行と階級憎悪」、中原嘉子訳、『アナール論文選3 医と病い』、藤原書店、2011年、99頁。
17　「コレラによる死がもはや打ち消せなくなると、民衆は何かで説明をつけようとした。（…）コレラを否定した民衆は、何より単純で自然な理由として、犯罪という説を受け入れたのである。(Bazin:358)」
　　　なお、真っ先に貧民と労働者に援助を保証したボルドーや、貧困と失業の中で住民が受け身になっていたリールでは、このような暴動は起こらなかった。(Chevalier et alli:94-95,114)

（ハイネ：313）。

　庶民がこうしたパニック状態にあったとき、医師たちもまた暗中模索の中にあった。そもそもコレラは経口感染であり、接触感染や飛沫感染ではない。そのため家庭内でも感染しないケースが多く、伝染病なのかどうかでもいまだに意見が分かれていたのである[18]。よって、医師たちはさまざまな治療法を試みた。絶食のすすめ、摩擦、酸化ビスマス（整腸剤）の処方や「マジャンディのパンチ酒[19]」の投与、そして、腹部にヒルを当てるなどによる瀉血である。瀉血とは、病の原因を血のとどこおりに求める伝統的な治療法であり、コレラ患者から血を抜いて健康な人間の血と入れ替えるという治療法も一部では行われていた（Magendie:125-128）。その効果を疑う声もあったが、それでも19世紀の医学はまだしばらくの間、「機械＝解剖手法[20]」（切開と除去と拡張を基本とする）であり続けるのだった。

3.アフター・コレラ

　コレラがようやく沈静化すると、医師たちによる事後調査が始まった。そこで指摘されたのは、「汚くて狭い建物に貧しい人々が詰め込まれている場所[21]」で患者が多く見られたということだった。たしかにこうした場所では瘴気が滞留する。しかし一方で、コレラと風向きとの関係は否定されていた。パリでは1832年3月下旬から4月中旬にかけて北東の風が吹いており、それがコレラをもたらしたのだと人々は思い込んでいたのだが[22]、風向きはその後変化していたし（Chateauneuf:71）、パリのどこにあっても空気の質は同じであることも確認されたのである（Arlet:56）。そこで医師たちは、患者

18　Bertholet, *op. cit.*, p. 426, Jacques Arlet, «Le Choléra de 1832, vu par les journaux toulousains», dans *Mémoires de l'académie des sciences. Inscriptions et belles-lettres de Toulouse*, v. 156, Académie des sciences, Toulouse, 1994, p. 52-53.

19　Magendie, *op. cit.*, p. 194. ジョルジュ・サンドの小説『レリア』（1833）でも、コレラにかかった主人公にこの飲み物が勧められている。

20　樺山紘一「医と病いの歴史学」、『アナール論文選3 医と病い』、16-17頁。

21　Benoiston de Châteauneuf, *Choléra-morbus dans Paris et les communes rurales du département de la Seine*, Imprimerie royale, 1834, p. 120.

22　Bazin, *op. cit.*, p. 352, François-René de Chateaubriand, *Mémoires d'outre-tombe*, t. V, Massue et Cie, 1851, p. 265.

の住環境だけでなく、患者の性格にもコレラの原因を求めようとした。そもそもコレラcholéraと言う病名は、患者に共通する下痢や嘔吐の原因を、ギリシャ医学が胆汁kholéの異常に見出していたことに由来する。そして、その考えの根拠となっている体液論にもとづけば、胆汁質の人というのは怒りっぽい人cholériqueでもあったのである。こうして医師たちは、いらだちや恐怖もまたコレラを引き起こすと結論したのだった (Chateauneuf:139)。ウィズ・コレラのパリで庶民が起こしたあの一連の「嘆かわしい出来事 (Chateauneuf:47)」は、それを証明してしまったことになる。

　「患者個人」の暮らしや態度にまで「降りてゆく」(Chateauneuf:126) 医師たちの目が解剖学的な医学の目だったとするならば、高級住宅地パッシーでの患者の多さを見逃さなかった警視総監ジスケは、パリをまさに一望監視する目を持っていたのかもしれない。しかもジスケは、パッシーでセーヌ川が急に流れを速めることに注目し、精神が落ち着いた状態から凶暴な状態へと変化することをコレラの原因の一つに数えたのである。これは首都の体液論とでも呼ぶべき斬新な考えであった。それでも彼が列挙した他のコレラの原因はといえば、貧しさや不潔など、結局のところ庶民の中でも最下層に生きる者たちに共通する特徴なのだった （Gisquet:446-450）。

　おそらくジスケの念頭には、医師たちとはまた別のウィズ・コレラ期の経験があったのだろう。1831年、パリ市はゴミと泥の清掃を民間業者に委託した[23]。これにより、それまでパリ市に清掃用の馬車を貸していた郊外の住民は収入を失った。また、清掃回数が増えたせいで、市内1800人の屑拾いたちは稼ぎを奪われることになった。彼らの不満が暴動に変わったのが、1832年3月31日、すなわちコレラの患者が増え始めたころのことだったのである。暴動は日に日にふくらみ、まるでコレラの感染拡大と歩みを合わせるかのように4月6日まで続いた。ところが逮捕された200人ほどの暴徒を調べてみると、郊外の馬車所有者は20人ほど、屑拾いにいたっては10人ほどしかいなかったのである。残りの大多数はというと、「やつれて不吉な顔をした、普段なら決して見かけることのない、その日敷石の下から出て来た

23　パリの泥は1日400㎥にも及んでいたが、馬車から落ちた鉄の微粒子に台所排水が加わり、黒色で、硫黄とアンモニアのにおいを放っていたという。

かのような男たち（Gisquet:463-469）」だった。こうして、この「屑拾いの暴
動」、実際には「敷石の下」から突如現れた者たちによる暴動は、ゴミや泥
が発するにおい、すなわち瘴気とも関連するものであっただけにいっそう、
凶暴性とコレラ、さらには最下層の庶民とを結びつけたのではないだろう
か[24]。

　だとすれば、公衆衛生学者ヴィルルメが、アフター・コレラの調査の中
でガルニ（家具つきホテル）に注目したのも、偶然ではないのかもしれな
い。ガルニ全体の死亡率はパリ全体を少し上回る程度であったが、低価格
のガルニの中には、住人の半数近くがコレラで死亡するようなところもあっ
たのである[25]。そうしたガルニは、ヴィルルメによれば、「売春の巣の中でも
最も汚らしい場所の一つであり、湿って不潔な小部屋には屑拾いや盗人も
住んでいた（Villermé:401）」という。そしてヴィルルメは以下のように結論
したのだった。「コレラによってもたらされた甚大な損害にくらべれば極め
てささいな利益でしかないが、貧しさと不道徳ゆえに社会に対し頻繁に攻
撃をしかける者たちの中から犠牲者を選んだことで、コレラは社会を浄化
することになったのだ（Villermé:404）。」

　かくして、未開の地域の風土病とみなされていたコレラは、世界的な流
行病となったのち、アフター・コレラの総括の中で、近代社会に残る未開
で危険な地域の風土病とされた。そして感染の中心とされた空気の淀んだ
建物や不潔なガルニは、その後の首都改造の中で取り壊されてゆき、そこ
に住んでいた貧しくて不道徳であるとされた人々は、住むところを奪われ
郊外へと追いやられていったのだった。あらゆる maux（病、悪、不都合）
の原因を都市の中のとどこおりに見出し、その部分を切開、除去、拡張す

24　伝染病と悪徳は、伝統的に結びつきやすかった。中世の浮浪者たちはペストを町に持ち込ん
　　だし、百年戦争の停戦期間には、傭兵たちが略奪行為をはたらくとともにペストを拡散して
　　いた。（リュスネ：31,83）
25　当時パリのガルニは 3000 軒以上が営業し、3 万人以上が宿泊していた。1832 年 8 月までの
　　コレラによる死亡率は、パリ全体では 1/46 であったのに対し、ガルニ全体では 1/31 であっ
　　た。とはいえガルニによってまちまちであり、同じ地区でも一方のガルニの死亡率は 1/183、
　　投宿者が「酩酊し放蕩にふける」ようなもう一方のガルニでは 1/36 ということもあった。
　　Louis-René Villermé, «Note sur les ravages du choléra-morbus dans les maisons garnies de
　　Paris», *Annales d'hygiène publique et de médecine légale*, Baillière, 1834, p. 388-391.

ることで解決を図ろうとしたアフター・コレラのパリのまちづくりは、「瀉血的なまちづくり」とでも呼べるだろう。コレラの原因は都市の中の一部地域の不衛生という社会問題にこそあったはずなのに、そうした社会問題を体現する人々は都市の外へ、彼らが提示する社会問題は意識の外へと追いやられていったのである。

おわりに

　20世紀に入り、コレラは克服できる病となった。しかし21世紀の今、われわれは新たな病、コロナに直面している。この感染症の時代に、人文学はただ手をこまねいているだけでよいのだろうか。たとえば新しい生活やまちづくりに際しての提言が、人文学には可能だろう。格差の拡大や職業による差別といった社会問題の追究は、むしろ人文学の責務である。19世紀のパリとコレラについての本稿も、もちろん無意味なものではない。

　思い返せば2020年のはじめ、ビフォー・コロナの欧米諸国では、アジアの女性がコウモリを丸かじりする動画が繰り返し流されていた。欧米人はコレラのときと同様、この新しい病を、未開の地域の病、自分たちには無関係な病と思い込んでいたのではないだろうか[26]。コロナ侵入期には各国で、これはただの風邪であるとか、まわりを元気にするのだなどと言って大騒ぎをする人々が見られた。新しい病が伝染性のものであることを知っていたにもかかわらず、それを知らなかった200年前の人々とまったく同じ行動をとっていたことになる。ウィズ・コロナ期の日本では、「夜の街」と称され治安が悪いことでも知られる首都の中心部が感染の巣窟であるかのように名指しされた。その地区を警官たちは警棒をむきだしに巡回させられていたが、そのようすはわれわれに、ヴィレルメの「社会の浄化」という言葉を否応なく思い起こさせるものではなかっただろうか。そのわれわれ自身、病に対する憎悪ゆえに人間に対する「懲罰」を望み、外部から病を運

26　新型ウイルスの発生に際して流れた二つのうわさ―不衛生な環境で販売された野生動物を食べるという非文明的で動物的な原因と、禁じられている生物兵器の開発と流出という高度に文明的で人間的な原因―が、近現代の欧米から見たアジアの二つの側面を表していたことにも留意すべきだろう。

んできたとされる人々に、言葉の暴力を浴びせかけることはなかっただろうか。

　いったいどれだけのコレラ期の轍を、コロナ期のわれわれは踏んでしまったことだろう。逆に言えば、それらを防ぐ力を人文学は—このたった数ページの論文でさえ—持っているのである。

基本文献

　柿本昭人『健康と病のエピステーメー——19世紀コレラ流行と近代社会システム』、ミネルヴァ書房、1991年。

　見市雅俊『コレラの世界史』、晶文社、1994年。

　アラン・コルバン『においの歴史—嗅覚と社会的想像力』、山田登世子、鹿島茂訳、藤原書店、1990年。

　ジャン・ジオノ『屋根の上の軽騎兵』、酒井由紀代訳、河出書房新社、1997年。

　ウィリアム・H・マクニール『疫病と世界史』、佐々木昭夫訳、新潮社、1985年。

ラフカディオ・ハーンと感染症
―「コレラの時代に」考―

中島淑恵

1．はじめに

　ラフカディオ・ハーン（小泉八雲、1850年 ‐ 1904年）が来日したのは1890年4月のことである。ギリシアに生まれ英国で育ち、19歳で渡米したハーンは、やがてジャーナリストとなり、ニューオリンズの『タイムズ・デモクラット』紙では、文芸部長として毎週日曜日の文芸欄を担当するようになった。また、得意のフランス語を生かして、フランス文学の翻訳にも手を染め、やがては作家として自立したいと考えるようになっていた。来日直前の2年間はマルティニーク（仏領西インド諸島）に滞在し、現地の民話や民謡の採集といった、今日でいう民俗学的な方法によって、異文化を積極的に摂取・紹介しようと努めていたことが知られている。

　ハーンはアメリカ時代から日本に興味を抱き、日本に関する書物を可能な限り読み漁っていた。そのことは、富山大学附属図書館所蔵小泉八雲旧蔵書（ヘルン文庫）の書物からも裏付けられる。実際、『タイムズ・デモクラット』には、日本の詩歌を論じた「日本の詩瞥見」というコラムも執筆している。もちろん当時の欧米は日本ブームに沸いていて、ハーン自身も、1884年から1885年にかけてニューオリンズで開催された万国博覧会の日本館に足しげく通ったり、日本滞在者の体験報告に感化されたりした部分もあっただろう。また、神々の住まう『古事記』の国を実際に自分の目で見てみたいという願望も大きなものであったに違いない。

　かくしてハーンは未見の国日本に降り立ったのであったが、当時はまた、世界中がコレラのパンデミックに幾度となく見舞われていた時代であった。風土病由来の伝染性の病気であることは既に知られており、1884年にはコッホによってコレラ菌が発見されてはいたが、1890年代にはコレラは未だ不治の病であり、とりわけ人の生と死に深い関心を抱いていたハーンは、コレラをめぐって印象的なエッセイを書き遺している。

2020年、コロナの時代にあって、ハーンが見つめたコレラと人の死について思いを巡らすことから、今日の私たちが日々直面せざるを得ないパンデミックと病、そして死について考えるひとつのきっかけを得られるのではないか、というのが小論執筆の動機である。

2．ラフカディオ・ハーンと感染症

　ハーンの「コレラの時代に（In cholera-time）」は、1896年に出版された、来日後三作目の著作である『心（*Kokoro*）』に収められている[1]。ここではまず、当時のハーンの状況を時代背景と共に確認しておきたい。ラフカディオ・ハーンが来日したのは1890年4月のことで、バンクーバーから海路横浜に到着した。5ヶ月近くを横浜で過ごしたのち、島根県尋常中学校および師範学校の英語教師の職を得て8月末に松江に到着、翌年10月まで松江で教師生活を送る。同年11月には次の任地である第五高等学校のある熊本を目指して旅立つが、実はこの時、松江ではコレラが猖獗を極めていた。

　ハーンは当時のことを『見知らぬ日本の面影（*Glimpses of Unfamilar Japan*）』に収められた「さよなら（Sayonara）」というエッセイの中で、感慨深く回想している。ハーンの印象に残ったのは、「難破船にとどまる船長のように一人現場に残ってすべてを取り仕切る校長」や、「校長が近づくと渾身の力を振り絞って立ち上がり、軍隊式の敬礼をして事切れた瀕死の生徒」であり、それはのちに『心』に収められた諸作品でも描き出されるような、日本人の美徳を称揚する姿勢である。コレラ大流行のため中学校は当時休校中であったが、前夜のうちに校長が級長に指令を出し、およそ200名の生徒が船着き場までハーンを見送りに現れたことも記されている。

　ハーンにとってコレラをはじめとする感染症は、全く無縁のものであったわけではない。一般論としても、当時の人々にとって感染症は未知の病であり、今日われわれがコロナに抱いているのと同じような、あるいはそ

1　以下ハーンの引用は、*The Writings of Lafcadio Hearn*, volume VII, Boston and New York, Houghton Mifflin Company, 1922, pp. 460-466. に依った。

れよりも確実に死を予感させるような脅威として認知されていたものと言って間違いないだろう。事実ハーン自身も、ニューオリンズ時代にデング熱に罹患して死線をさまよった経験があった。

　この後ハーンは1891年から1894年までの４年間第五高等学校で教鞭をとる。その間の1894年、来日後第１作である『見知らぬ日本の面影』を発表する。この後ハーンは教職を辞し、２年近くを神戸で過ごす。『心』は、帰化手続きが完了し、小泉八雲という日本名に改名したばかりのハーンが1896年に発表したエッセイ集であり、ここに収められた作品はそれまでの日本体験を基盤として神戸時代に構想されたものである。

　ところで、ここで断っておかなければならないのは、ハーンは一連の著作をすべて英語で執筆し、アメリカの出版社から英語圏の（あるいは英語で読める）読者のために発表したのであって、ハーンの同時代人でハーンの作品を読んだのは欧米人がほとんどであったという事実である。また、ハーンはすでに来日前にエッセイ集や小説など、さまざまな作品を発表していて、その題材も中国の怪談からマルティニークの民話まで幅広くさまざまな異文化に想を得たものであるということも記憶に留めておきたい。来日後のハーンは、死後出版となったものも含めて12編の著作を発表しているが、それらは基本的に日本に題材をとったものである。

　ともあれ、神戸に転居したハーンは、神戸発の英語新聞である『神戸クロニクル』社に転職し、ジャーナリストとして再起を図るも、眼疾の悪化と良好とは言えなかった人間関係の為に４か月ほどで退社し、文筆活動に専念することになる。この間に神戸の下山手通りと中山手通りで二度ほど転居している。この神戸時代に来日後第２作である『東の国から（Out of the East）』と第３作『心』を発表し、日本を欧米に紹介する作家として確固たる地位を築いて行く。その一方でハーンは、帝国大学文科大学長外山正一から招聘され、1896年９月に上京、帝国大学で英文学史、詩論、詩人論などを週12時間講義することになる。

　『心』は、松江と熊本での体験をもとに、日本人の心のありようについてさまざまな観点から考察したものであり、15編のエッセイと補遺で構成されている。この作品集のタイトルは「心（Kokoro）」と日本語の発音のままに綴られているが、その意図するところを同書の序文でハーン自身が解

説している。ハーンによれば、同書に収められたエッセイは、「日本の外面的生活というよりはむしろ内面的生活を取り扱ったもの(treat of the inner rather than of the outer life of Japan)」であり、タイトルの意味するところは、「心持ち(mind)」、「精神(spirit)」、「勇気(courage)」、「決意(resolve)」、「感情(sentiment)」、「愛情(affection)」、あるいは「物事の核心(the heart of things)」という意味であるという。すなわち、日本語の「こころ(あるいは漢字の心)」という言葉は、これらさまざまな含意のある、単一の英語では翻訳不可能な言葉なのであり、そのため日本語を解さない読者のためであってもタイトルは敢えて日本語で付け、その意味するところを序文で説明したものと考えられる。したがって、同書に収められた作品はいずれも日本人の心のありようをハーン流の解釈を加えて示したものであると言えるが、以下に「コレラの時代に」を具体例として取り上げ、そこに描かれている明治の日本人の心性を観察してみたい。

3. 時代の証言としての「コレラの時代に」—第1部の分析

「コレラの時代に」は2部構成になっていて、第1部が当時のコレラ蔓延の状況と時代背景、第2部が物語仕立ての羅宇屋の挿話になっている。まずは第1部を読み解きながら、ハーンとコレラについてさまざまな考察を深めて行きたい。

「コレラの時代に」第1部は、以下のように始まる。

CHINA's chief ally in the late war, being deaf and blind, knew nothing, and still knows nothing, of treaties or of peace. It followed the returning armies of Japan, invaded the victorious empire killed about thirty thousand people during the hot season.

先だっての戦争で中国の主たる味方となったのは、耳が聞こえず目も見えず、条約とか平和とかそういうことについては未だ何も知らないものであった。それは日本軍の帰還に付いて来てこの戦勝国を侵略し、この暑い季節のうちにおよそ3万人もの人を殺した。

　この冒頭の一節には、「コレラ」という言葉は使われておらず、いったい
先の戦争で中国の主たる味方となったのが「何（あるいは誰）」なのか、読
者にはにわかには分からない書き出しになっている。これに続けてそれが、
この季節のうちに３万人もの人を殺したのだという。ここでも主語は事物
を示す「それ」であるものの、「殺した」という擬人法が述語動詞に用いら
れているため、何か怪物のようなものが殺戮を行ったのかと思わせるよう
な書き出しとなっている。

　このエッセイの書かれた時期の史実と対照させると、先の戦争とは日清
戦争のことであり、エッセイが書かれたのは「この暑い季節」、すなわち日
清戦争終結の1895年４月以降のことであると分かる。この日清戦争ではお
よそ23万人の兵士が帰還したが、当時大陸で流行していた伝染病であるコ
レラ、腸チフス、赤痢などが、この凱旋によって我が国に大幅にもたらさ
れたと言われている。当時内務省衛生局長の任にあった後藤新平の指揮の
もと、瀬戸内海のいくつかの島を出島として大検疫事業を起こし、全帰還
兵の検疫が行われたが流行は止められず、1895年には全国で５万５千人以
上のコレラ患者、４万人以上の死者を出したとされる。ハーンのエッセイ
では死者の数が３万人とされているが、これはいわば「暑い季節」だけの
中間集計のようなもので、1895年末までの死者数を推計すれば、史実とも
符合する数であるといえよう。

　筆者である「私」の家の裏手の山の方から火葬の匂いが庭に漂って来て、
その匂いから、「私と同じ背丈の大人の遺骸の火葬料が80銭、現在の交換
レートで言えばアメリカの通貨では半ドルほどであること（the cost of
burning adult of my own size is eighty sen --- about half a dollar un
American money at the present rate of exchange）」を思い出させるのだ
と筆者は述べている。

　ここで火葬について何気なく述べているハーンであるが、実はキリスト
教徒が大勢を占める当時の欧米の読者にとっては、火葬は異文化の風習で
あり、また明治の日本においても、火葬は今日ほど一般的な風習ではなかっ
た。ちょうどこの時代に検疫政策の一環として、遺体の火葬の義務化は進
行して行ったのであり、ここで何気なく火葬への言及があることも、ハー
ンの異文化への眼差しだけでなく、伝染病の克服という同時代的課題を読

者に認識させる役割を果たしているものといえる。

　ハーンはこれに続いて、自宅の二階の窓から見える光景としてコレラ患者の収容場面を描いているが、そこで二回ほど「衛生法（sanitary law）」への言及がある。家族が泣き叫ぶ中を、コレラに罹患したとある商家の亭主が連行されて行く場面で、「衛生法が民家でコレラ患者を治療することを禁じている（The sanitary law forbids the treatment of cholera in private houses）」という箇所と、それでも強引に警察によって連れ去られる場面で、観察者としての筆者が、「それは残酷に見えるが、しかし衛生法は残酷でなければならぬ（It seems cruel; but sanitary law must be cruel）」と見解を述べている場面である。当時のコレラ患者収容病院は劣悪な環境で、患者は家族と引き裂かれて手荒い扱いを受けるという記述も、時代の証言として考慮しておく必要があるだろう。

　史実に照らし合わせれば、ここで言う衛生法とは、1877年の西南戦争時に地方にまでコレラが蔓延した際に公布された「虎列刺病予防法心得」と、1879年に公布された「海港虎列刺病伝染病予防規則」であろうと思われる。とりわけ前者は、ハーンの前任地であった熊本に端を発したコレラの大流行であり、ハーンの記憶にも深く刻まれていた可能性が高い。

　ともあれハーンのエッセイはこれに続いて、史実と言うよりは、同時代の風景描写へと展開する。観察者たる書き手の筆は、飴売りの少年が女のような声で歌う恋歌から子どもたちの戯れ歌へと移り、やがて火葬の費用の話に再び戻る。近所の子どもが過日火葬された話を引き合いに出し、「子どもを火葬するには44銭で足りる（It costs only forty-four sen to burn a child）」と述べる。その子がよく遊んでいた石ころが今も日なたに残されているところから、「子どもの石ころ愛（child-love of stones）」への言及へと続き、とりわけ日本の少年は、石ころに愛着があって、貧富に関係なくある年頃の日本の少年たちは石ころを愛玩するのだとハーンは述べている。このエッセイの第1部は、ここから賽の河原で石を積む亡者となった子どもの話で幕が閉じられる。賽の河原で石を積む死んだ子どものエピソードは、ハーンの著作の中に幾度となく現れる典型的な子どものイメージの一つである。

4．物語としての「コレラの時代に」—第2部の分析

　第2部は、煙管を直して回る羅宇屋の挿話である。この羅宇屋は商売道具を入れた箱を天秤棒の一方に下げ、もう一方には乳飲み子入れた箱を下げている。乳飲み子の入れられた箱には一緒に位牌が添えられている。あるとき、子どもが成長したためか中を二つに仕切った手押し車でくだんの羅宇屋が現れた。仕切りの一方には商売道具、他方には子どもと位牌がやはり収められている。興味をひかれた筆者は万右衛門を使いにやって羅宇屋を自宅に招き入れる。羅宇屋が筆者の煙管を修理しているうちに、筆者は子どもに近寄り、あやして見せながらも位牌に母親の戒名が刻まれているのを見て取る。ここからはこの挿話は、万右衛門が羅宇屋に事情を問うたところ、それに羅宇屋が応えて自らの境遇を語って聞かせるという体裁を取っている。子どもが生まれて二ヶ月後に死んだ子どもの母親は、いまわの際にこう懇願したのだと言う。

　　　"From what time I die till three full years be past I pray you to leave the child always united with the Shadow of me: never let him be separated from my ihai, so that I may continue to care for him and to nurse him --- since thou knowest that he should have the breast for three years. This, my last asking, I entreat thee, do not forget."

　　　「私が死んでから丸三年の間は、子どもが私の『影』としっかり結ばれているようにしてください。私の位牌とこの子を決して離しておかないで。そうすれば私はこの子の世話をして育ててやれます。あなた様はご存じでしょう、赤ん坊というものは3年間は乳を欲しがるものですからね。これが私の最後の願いです。後生だから忘れないで」

　羅宇屋はこの妻の懇願を聞き入れ、子育てをしながら糊口をしのぐために羅宇屋に身をやつして今日に至ったのだと言う。かくして羅宇屋は、乳を買うことはできずとも、「粥と水飴で赤ん坊を養うことができた（he had fed the boy for more than a year with rice gruel and amé syrup）」のだという。

このあと挿話は、万右衛門と筆者である「私」との問答で終わる。子ども
は頑健そうに見え、乳が与えられないからといって病弱なようには見え
ないと言った「私」に対して、万右衛門は確信に満ちた強い調子で「死ん
だ母親が赤ん坊を養っているからですよ。ですから乳が足りないなどとい
うことがどうしたらありましょうか（It is because the dead mother nurses
him. How should he want for milk?"）」と反駁する。

　この最後のエピソードは、死後も飴を買って乳飲み子を育てた女の幽霊
というハーンのもう一つのエピソードを彷彿とさせるものである。この、
「飴を買う女」のエピソードは、『見知らぬ日本の面影』に収められた松江
を巡るエッセイ「神々の国の首都（Chief City of Province of the Gods）」
の中で紹介されている。また、自身が去った後で子どもの養育を夫に託す
と言う意味では、1904年出版の『怪談（Kwaidan）』に収められた「雪おん
な」のエピソードとの関連もなくはないように思われる。

　この第2部は、「コレラの時代に」というエッセイの後半でありながら、
実はコレラへの言及は全くない。母親が産後二ヶ月でどのような事情で死
んだのか、ということについては全く説明がないのである。それはあたか
も、死因よりもむしろ、自分が死んでも（最低3年間は自分の位牌の傍ら
で）子どもを育ててほしい、という母としての情念に焦点が当てられてい
るかのようである。

　そう考えればこの第2部は、コレラが死因であるか否か、というパンデ
ミックの恐怖を超え、それよりももう一つ高次の死生観へとハーンが論を
展開したものであるとみなすこともできる。ハーンは、日本人の心のあり
ようを描写するために『心』に収められたエッセイを書いたと先に述べた。
そして、見かけ上は確かに、死に対する同時代の日本人のありようを描写
したものとしてこのエッセイは描かれている。しかし、そもそもそのよう
な死生観は、果たして日本人固有のものなのだろうか。

　確かにハーンは位牌とか戒名に強い関心を抱き、このエピソード以外に
も、日本人の位牌や戒名についての言及が数多くある。しかしハーンは、
墓への碑文あるいは墓碑銘への興味を、実はアメリカ時代からすでに抱い
ていたのであって、それはハーンのコラムにおけるニューオリンズの墓地
の描写や、小説『チータ（Chita）』の中の墓碑銘の記述にも表れているの

である。ハーンが青年期に多大な影響を受け英訳したフランスの小説家テオフィル・ゴーティエの『クラリモンド』でも、墓の碑文と墓とが物語の中で大きな役割を果たしていることを思い出すこともできるだろう。

　ハーンが墓碑銘というものに強い関心を抱いていた根拠がさらにもう一つある。ハーンは『ギリシア詞華集』に深い関心を寄せ、帝大の講義でも幾度となく言及している。ヘルン文庫にも、英語版とフランス語版の『ギリシア詞華集』があり、いずれにも夥しい書き込みがあることから、ハーンがこの詞華集に並々ならぬ関心を抱いていたことが分かっているのである。そして、その書き込みが集中しているのは、『ギリシア詞華集』の中でも「墓碑銘」と呼ばれるジャンルのものであることがこれまでに判明している。「墓碑銘」とは、本来は実際に墓に刻まれた碑文であり、故人の人となりや功績を記したものであったものが、時代が下ると、そのような趣向で読まれた詩の1ジャンルとして定着したものと考えられている。その中には、ハーンも帝大の講義の中で語っているような、愛玩していたキリギリスの死を悼んだメレアグロスの詩なども含まれている。そして実際には、（おそらくは）産褥で死んだ若い妻や、幼い子どもが死んだのを悼んで作られた詩が相当数含まれているのである。感染症が原因でかそうでないかはともかくとして、おそらく古代ギリシアでは、産褥で命を落とす若い母親も相当数いたであろうし、乳幼児死亡率も今日よりは格段に高かったことであろう。したがってそのような若すぎる死を悼む詩が数多く読まれたのであろうと言うことは容易に推測できる。おそらくハーンは、自分の同時代の死だけでなく、『ギリシア詞華集』などの書物によって触発され、古くから伝えられてきた死を悼む人々の営みからも着想を得て、多くの亡者をめぐる物語をものしたのではないだろうか。

5.　文体論的分析

　最後に、文体論的見地からこの「コレラの時代に」の語りの構造分析を行っておきたい。このエッセイの第1部は、現在時制が語りの中心となっていて、自室の書斎で「私」が今エッセイを書いている、といういわゆる「今・ここ・私」が語りの軸のかなめとなっている。これはいわばルポル

タージュの文体とでもいうべきもので、それゆえに一層、「それはまだ殺戮を行っていて、火葬の薪の火が絶えることはない（It is still slaying; and the funeral-pyres burn continually）」という冒頭の一節が臨場感のある恐怖を掻き立てている。すなわちこの脅威は、読者にとっても、まさに「今・ここ」にある脅威として感知されるのである。この世界では、「見る、見える」とか「聞く、聞こえる」という「今・ここ」にあるからこその感覚表現が支配的となる。したがって書き手である「私」は、窓から「見える」光景を描写し、「聞こえる」物売りの歌を紹介する。ここではさらに火葬の「匂い」も重要な役割を果たす。このような感覚表現は、「今・ここ」で書き手たる「私」のみが感じているものであって、それを読む読者が同じ感覚を有しているわけではないが、「私」の筆の力によって、読者もその感覚を追体験するように誘われるのである。読者は、見えない光景を見、聞こえない歌を聴き、おそらくは嗅いだことのない火葬の匂いを嗅ぐことになるのであって、それこそが語りの力というものなのである。

　これに対して第2部は、一見第1部とは全く関係のないような羅宇屋の記述から始まる。しかし、第1部で飴売りが紹介されているので、神戸の街の情景の中の一つとしてもう一つ別の物売りである羅宇屋が紹介され、それを観察者たる「私」が描写しているという連続性は保たれているので、読者はその変化に容易には気づかないだろう。しかしこの第1部は始めから過去時制で語られていて、「今・ここ」の現実を語ると言うよりは、かつてあった出来事を語る、といういわば語りの様態変化が起こっているのである。敏感な読者ならば、現在形の「私には見える（I see）」ではなく、過去形の「私は見た（I saw）」という時制の変化によって、そのことを即座に察知できるかもしれない。

　読者がこの変化をはっきりと感知するのは、二段落目の書き出し「ある日（The other day）」によってであろう。この書き出しは、英語で昔話を書き出すときに用いられる固有の表現で、わが国で言う「昔々あるところに」という言い回しと同様のものである。これは、ここからは現実ではなくフィクションが始まるという、いわば物語世界への入り口を示すマークである。このマークはまた、ここから先は現実を報じるルポルタージュではなく、物語なのだから、自分とは無縁のものとして安心して読んでいれ

ばよい、ということも示す。昔話に登場する恐ろしい怪物はフィクション
なので実際に恐れずともよい、という安心を子どもに与えるマークでもあ
ることは、覚えておいてもよいことだろう。したがってハーンの物語もこ
こからはフィクションである、という前提で読み進めてもよいのである。
実際にそのような羅宇屋がいたのか、登場人物は誰がモデルであるのか、
というようなことは、文学研究においては副次的な問題であろう。それよ
りも、文学作品を読むあるいは書く、というのは、ありうべからざるフィ
クションをどこまで追体験できるか、あるいはさせられるか、ということ
にかかっているのだと言っても過言ではないだろう。それが読者としての
「読みの力」でもあり、書き手としての「筆の力」でもあるのではないだろ
うか。

　そのことを裏付けるような人物が、万右衛門（Manyemon）という、
「私」の相棒である。具体的に名前も与えられているこの人物は、しかし架
空の人物であり、ハーンの周囲にこのような人物はいなかったはずである。
妻セツの養祖父に稲垣万右衛門という人物がいるが、ハーンの来日後の初
期作品に何度か登場する「私」の相棒としての万右衛門は、語り手の「私」
と対等に会話する人物であり、養祖父というような上下関係を前提とする
存在ではない。また、実際のモデルは妻セツで、それを男性の対等な人格
とするために養祖父の名を借りたのだという説があることも付言しておこ
う。いずれにしてもこの人物は、「私」と対等に英語で会話することがで
き、時として反駁したり教え諭したりもする、いわば「アルテル・エゴ
（alter ego）」のような存在であり、語りの「自然さ」という観点から見て、
「私」のみの独白よりも、万右衛門との問答の体裁を取った方が、語りの説
得力が増すと計算しての人物造形だったのではないかと考えられるのであ
る。

　したがって、この第２部の羅宇屋の女房のくだりが、1890年代前半の神
戸で本当に現実に起きたことであるか否かは全く分からないし、実在した
人物がモデルになっているか否かも分からない。というよりもむしろハー
ンの語りは、このくだりはフィクションとして読んで欲しい、ということ
を強調しているかのようにも思える。そうであれば、いまわの際に自分の
位牌を乳飲み子と一緒に三年間は離さないでほしい、と懇願した羅宇屋の

女房の造形の向こう側に、『ギリシア詞華集』に残された古代ギリシアの、若くして命を落とした母や子の墓碑銘を読み取ることも、また可能になるのではないだろうか。

　もう一つ補足しておけば、文学作品における命名という問題もまた重要である。このエッセイの中で唯一命名されているのが、おそらく架空の人物である万右衛門のみであり、語り手の「私」はあくまでも「私」なのであって、あとは「飴売り」とか「羅宇屋」などと職業名で呼ばれ、「赤ん坊」はあくまで「赤ん坊」のままである。唯一羅宇屋の死んだ女房だけが戒名を記されているという意味において、この人物だけはまた「この世ならぬ存在」として別格の扱いであると考えることができるだろう。

6. おわりに

　神戸時代のハーンは、文筆業で再び身を立てようと考えていた。この「コレラの時代に」などは、そのための方法的模索として構想されたとみなすこともできるだろう。すでに来日前に『チータ』と『ユーマ (Youma)』という二つの中篇小説をものしていたハーンは、しかし中篇小説が自らの表現手段として必ずしも適切ではないと思っていたのかも知れない。事実その後日本で書かれるハーンの作品は、「耳なし芳一」にせよ「雪おんな」にせよ、すべて短篇と呼ばれる範疇に入るものである。

　ハーンはアメリカ時代から民話や伝承などを熱心に採集し、それを自らの表現の模範としたことも十分考えられる。しかしもう一つ、若い時代からハーンが愛読し、翻訳まで行っていたフランスの詩人シャルル・ボードレールの『小散文詩集』の影響も忘れてはならないだろう。ヘルン文庫には今日２種類のボードレールの『小散文詩集』がある。同じミシェル・レヴィ社のもので、１冊は1873年出版、もう１冊は1892年出版のものである。実はヘルン文庫に収められている旧蔵書のうち500冊以上の書物は、ハーンが来日時にアメリカに置いてきたもので、ハーンの没後大正年間になってから遺族に返還されたものである。したがって生前のハーンは二度と目にすることはできなかった書物である。『小散文詩集』の場合も、古いものはハーンがアメリカで購入し、来日時にはアメリカに置いて来たもの、新し

いものは来日後に買い直したものであることが分かる。このように2種類
の版のある書物は、数は多くないもののいくつかあり、ハーンがそれらの
書物にどれほどの愛着を持っていたかが推察できるものである。

　実際ハーンはニューオリンズ時代に『小散文詩集』の中のいくつかの詩
を翻訳して発表しているし、友人に宛てた手紙の中では、『小散文詩集』の
翻訳をぜひ発表したいと希望を述べたりもしている。後年になって帝国大
学の講義の中でも、かつて訳した散文詩「月の恵み」を、英文科の学生た
ちに講義したりもしているのである。

　そして、そのようなハーンの『小散文詩集』への愛着を知らない者でも、
『小散文詩集』の愛読者ならば、「コレラの時代に」にちりばめられたボー
ドレールの小散文詩の反映を様々なところに読み取ることができるのであ
る。それは、先に述べた語りの時制の選択や変調、あるいは、街の観察者
としての語り手の態度、そして子どもたちの玩具という共通のテーマにも
見出される。「コレラの時代に」の第一部では、貧富の隔てなく子どもに小
石が愛される様子が次のように描かれている。

Stones are the toys not only of the children of the poor, but of all
children at one period of existence: no matter how well supplied with
other playthings, every Japanese child wants sometimes to play with
stones.

石は貧乏人の子どもの玩具であるばかりでなく、ある年頃には誰でも石
を玩具にする。他の遊具を与えられているか否かと言うこととは関係な
く、日本の子どもは時として石で遊びたがる。子どもの心には石は素晴
らしいもので、そうでなければならない。

　ここで、ボードレールの散文詩を愛読する者ならば、「貧者の玩具」の一
節を思い浮かべることは比較的容易であるだろう。この散文詩では、白亜
の城館を背にして立った裕福な家の男の子が、自分の玩具ではなく鉄柵を
隔てた貧しい男の子の玩具に夢中になっている。その玩具は生きたネズミ
なのであるが、最後に観察者たる語り手は「二人の子どもはお互いに兄弟
のように笑い合っていた。同じ白さの歯を見せて」と散文詩を締めくくっ

ている。定型詩ではない新たな詩の表現の開拓という意味において、ボードレールの散文詩はフランスの詩が現代へと大きく踏み出すための野心的な第一歩として文学史上高く位置づけられるものであるが、ハーンもまた自身の表現のあり方の一つとして、ボードレールの散文詩に範を求めたのだと言えるのではないだろうか。

　小論で強調したかったのは、ハーンのことを、単なる異文化としての日本文化の紹介者であるとか、語り伝えられてきた民話を翻案して作り直した作家であるとかいう従来の評価に加えて、さらに豊かな多面性のある存在として再考してみたいということなのである。欧州、アメリカ、日本と世界を渡り歩き、言葉や文化を異にする人々と積極的に交流し、また古今の書物を渉猟し、深い学識と慧眼を備えたハーンは、我々文科系の人間の有りうべき先達の一人であると言っても過言ではない。書くこと、書かれたものに敏感であること、ほんの些細な兆しのようなものも見逃さず、その意味するところを読み取ろうとする姿勢、書物との対話から明日に生きる糧を得ようとする態度、それを同胞としての他者へと伝えようとする努力など、ハーンを通して学ぶことは実に全く尽きないのである。

参考文献（およびハーンについてを学ぶための基礎参考文献）

Lafcadio Hearn, *The Writings of Lafcadio Hearn in six-teen volumes*, Boston and New York, Houghton, Mifflin Company, 1922.

　　＊ハーンに関心を持った方は、是非もとの英語で読んで欲しい。ハーンの英語は若干古風であるが、平易な英語で書かれているので、高校生なら十分読解可能である。

Lafcadio Hearn, *Kokoro*, Boston and New York, Houghton, Mifflin Company, 1896.
ラフカディオ・ハーン『東の国から・心』平井呈一訳、恒文社、1975年。
小泉時・小泉凡共編『文学アルバム小泉八雲』恒文社、2008年。
平川祐弘監修『小泉八雲事典』恒文社、2000年。
Charles Baudelaire, *Œuvres complètes*, Collection de la Pléiade, Gallimard, 1987.
シャルル・ボードレール『ボードレール全集』Ⅲ、阿部良雄訳、筑摩書房、1983年。

20世紀初頭アメリカにおける感染症と公衆衛生
―「腸チフスのメアリー」の記憶―

小野直子

1．はじめに

　本稿では、「腸チフスのメアリー」として知られているアメリカ人女性メアリー・マローンの経験を通して、社会が感染症の脅威にさらされた時にどのようなことが起こり得るのかを、公衆衛生の観点から考察する。マローンは1906年、37歳の時にアメリカで初めて腸チフスの無症状病原体保有者（健康保菌者）と確認された人物である。

　腸チフスとは、チフス菌の感染による全身性疾患である。1880年に、ドイツの細菌学者カール・ヨーゼフ・エーベルトによって病原菌が発見された。潜伏期間は 7 日から14日で、発熱を伴って発症する。患者、保菌者の便と尿が感染源となる。39度を超える高熱が 1 週間以上続き、比較的徐脈、バラ疹、脾腫、下痢などの症状を呈し、腸出血、腸穿孔を起こすこともある。重症例では意識障害や難聴が起きることもある[1]。ワクチンが開発されたのは1911年、抗生物質による治療が可能になるのは1946年以降である[2]。治療しなければ、感染者の約10パーセントが死亡する。現在は、抗生物質による治療で死亡率は 1 パーセント以下に激減した。患者全体の 2 パーセントから 3 パーセントが保菌者になる[3]。

　20世紀初頭にマローンが公衆衛生にもたらしたジレンマ、すなわち、保菌者によって脅かされる一般大衆の健康と、保菌者個人の市民的自由を、どのようにして同時に保護するのかは、現在にも共通する問題である。マローンの事例は、科学と文化が複雑に絡み合っていることを示している。

1　厚生労働省「感染症法に基づく医師及び獣医師の届出について」https://www.mhlw.go.jp/bunya/kenkou/kekkaku-kansenshou11/01-03-04.html（2020/08/21）．

2　Filio Marineli, Gregory Tsoucalas, Marianna Karamanou, and George Androutsos, "Mary Mallon (1869-1938) and the History of Typhoid Fever," *Annals of Gastroenterology* 26 (2013), 133.

3　アラン・M・クラウト（中島健訳）『沈黙の旅人たち』青土社、1997 年、141 頁。

このような価値観や出来事に関する知識は、現在の新型コロナウイルス感染症への対応に関する我々の理解を深めることになる。

　なお、本稿のマローンに関する記述は基本的に、医学史家ジュディス・W・リーヴィットの研究書『腸チフスのメアリー』（1996年）に負っている[4]。

2．腸チフス患者の発生

　1906年夏にニューヨーク州ロングアイランドのオイスターベイで、別荘を借りていた銀行家チャールズ・ヘンリー・ウォーレン家において、使用人を含めて11人中6人が腸チフスを発症した。別荘の所有者は、腸チフスの権威と言われたジョージ・A・ソーパーに、原因の調査を依頼した。水、牛乳、周辺の魚介類などの食材が疑われたが感染源は見つからず、さらに調査が進むうちに、発病の少し前から料理人として働いていた37歳のマローンが候補に挙がった[5]。

　マローンは、1869年にアイルランドで生まれた。おそらくは経済的な理由で、1883年にマローン一家はアメリカに移住してきた。叔母がニューヨーク近辺にいたので、最初のうち一家は叔母たちと住んでいたらしい。アメリカにはその叔母以外に血縁関係のある者はいなかったので、叔母や両親が亡くなった後は、頼りになる親戚は誰もいなくなった。マローンの生活はほとんど分かっていないが、1897年以降職業斡旋所に記録が残っているおかげで、それまでより職歴は分かるようになっている[6]。

　ソーパーは、マローンがオイスターベイに来る前の職歴を調べてみた。ウォーレン家も含めて8家族が彼女を雇っており、そのうちの7家族から腸チフス患者が出ていた。ウォーレン家の6人も含めると、1900年から1907年にかけて、マローンが関わった家庭の中から22人の患者が出ており、そのうち一人が死亡していた。ただ、この時期ニューヨーク市で毎年3,000人から4,000人の腸チフス患者が出ており、患者や保菌者よりも、汚染された

4　Judith Walzer Leavitt, *Typhoid Mary: Captive to the Public Health* (Boston: Beacon Press, 1996).
5　Ibid., 14-15.
6　金森修『病魔という悪の物語－チフスのメアリー－』ちくまプリマー新書、2006年、18-20頁。

水などの感染源を通して感染する方が一般的であった[7]。そこでソーパーは
より確かな証拠を得るため、この料理人と直接接触してみようとした。

　1907年3月、マローンは、当時感染症を専門にしていたウィラード・パー
カー病院に連れて行かれた。そこで彼女の排泄物が検査され、尿からは何
も検出されなかったが、便からはかなり高濃度の腸チフス菌が検出された。
ニューヨーク市衛生局はこの検査結果を受けて、マローンをノース・ブラ
ザー島にあるリヴァーサイド病院に入院させた。その病院には天然痘や結
核など、ある程度の隔離を必要とする患者たちが収容されていた[8]。マロー
ンは病院近くの小屋をあてがわれ、それから1910年2月に解放されるまで、
まずは3年近くこの小屋に住むことになる。

　保菌者という概念は、それほど古い概念ではない。その可能性を最初に
ほのめかしたのは公衆衛生学者マックス・ヨーゼフ・フォン・ペッテンコー
ファーで、1855年にはコレラについてその保菌者がいる可能性があると示
唆していた。ただそれは単なる示唆にとどまり、確認はされないままであっ
た。次に保菌者が取り沙汰されたのは、ジフテリアである。ニューヨーク
市衛生局のハーマン・ビッグスが1890年代初頭に雇ったウィリアム・H・
パークスが、ジフテリアの保菌者の可能性を指摘した。そして保菌者の可
能性が指摘された三つ目の病気が、腸チフスであった。米西戦争（1898）
の時に軍医であったウォルター・リードが腸チフスの調査を行い、保菌者
という概念を前面に押し出した[9]。

　しかし逆に言うと、マローンが最初に隔離された1907年3月の時点では、
まだ医学界内部でも完全にその概念が確立されたとは言えないような状態
にあった。まして一般の人々にとって、保菌者という考えは理解に苦しむ
ものであった。もし病原菌が病気を引き起こすのであれば、なぜ保菌者は
発病しないのか。本人は健康であるのに、どうして他人を発病させること
ができるのか。自身健康であったマローンも、自分が腸チフスの発生源で
あることを認めなかった。

7　Leavitt, *Typhoid Mary*, 16-18.
8　杉山恵子「アメリカ史の中の病気、移民、公衆衛生－『腸チフスメアリー』とS・ジョセフィン・
　　ベーカー－」恵泉女学園大学英米文化学科編『英米文化の光と陰』彩流社、2001年、60-61頁。
9　金森『病魔という悪の物語』、63-65頁。

病院に収容された1907年３月から裁判が起こる1909年６月までの約27か月間、マローンから163回便のサンプルが採取された。平均して１週間に１回以上のペースである。そのうち120回が陽性、43回が陰性という結果であった。尿も調べられたが、尿は常に陰性であった。マローンは自分でも、病院に収容されるまで一緒に住んでいた恋人のＡ・ブリーホフに頼んで、民間のファーガソン研究所で分析してもらった。研究所では1908年８月から1909年４月までの間に10回検査したが、理由は不明であるが、尿からも便からもチフス菌は検出されなかった[10]。

　病院では、マローンはただ保菌者として隔離され、観察されていただけではなく、体の中の菌を排除するためにいくつかの薬剤が投与された。しかし、結果は思わしくなかった。腸チフス菌は胆嚢に蓄積される可能性が高いことが分かっていたので、医師たちは彼女に胆嚢摘出手術を勧めたが、マローンは事の次第から医師たちに不信感と敵愾心を持っていたので、耳を貸そうとしなかった[11]。

3．再隔離と公衆衛生

　1907年の時点では、マローンの氏名や個人情報は、世間一般には一切知らされなかった。マローンが一般社会に明確な個人名を伴って姿を現すのは、1909年６月20日、ウィリアム・ランドルフ・ハーストの新聞『ニューヨーク・アメリカン』が、今や医学史上有名な、卵の形をした頭蓋骨をフライパンに入れて料理をしている女性の挿絵と共に、マローンに関する記事を掲載してからのことである。

　当時アメリカのメディア界を牛耳っていたハーストは、事実報道よりも扇情的である事を売り物とするイエロー・ジャーナリズムで、新聞の売り上げを伸ばしていた。そのような中で、体内に病原菌を抱え、料理によってそれを他人に撒き散らす存在は、センセーショナリズムを増幅させるには格好の材料であった[12]。

10　Leavitt, *Typhoid Mary*, 31-32.
11　金森『病魔という悪の物語』、41-42頁。
12　同上、46-47頁。

　その後、34歳の弁護士ジョージ・フランシス・オニールによって、マローンの解放を求める人身保護令状が提出された。ちなみにオニールは、裁判のわずか4年後には結核と診断され、1914年12月に39歳で逝去している[13]。

　裁判は1909年6月末から7月初頭にかけて行われた。そこで引き合いに出されたのが、1905年連邦最高裁判所による「ジェイコブソン対マサチューセッツ」判決であった。ヘニング・ジェイコブソンは、天然痘のワクチン接種を拒否した。それに対してマサチューセッツ州は、天然痘が流行する恐れがある場合には、住民にワクチン接種を要求する権限を衛生局に付与していると主張した。ジェイコブソンは、その種の強制は個人の権利を侵害するものであるとして裁判所に訴えた。

　この裁判において連邦最高裁は、次のように判断した。「アメリカ合衆国は確かに個人の自由を保障してはいるが、それは個人がいついかなる時にもあらゆる状況においても、制限から自由であるという絶対的な権利であることを意味するものではない。すべての個人が公共善のために従わなければならないような、さまざまな制限がある」[14]。

　これと同じ考え方が、マローンの裁判でも適用された。すなわち裁判官は、患者であれ保菌者であれ、病原菌を排出する人々は他の人々に感染させる能力があるので、公衆衛生保護のために隔離する必要があるという衛生局の主張を受け入れ、人身保護令状を却下し、マローンを衛生局の管理下に置いておくことを認めるという判断を下したのである[15]。

　ところがこの判決から約6か月後の1910年2月、新たに衛生局長に就任したアーネスト・J・レダールは、マローンを解放すると決定した。保菌者が増え続ける中で、たった一人の隔離に疑問を持ったからである[16]。レダールはマローンに、今後は料理人をしないという誓約書を書かせ、その上で洗濯の仕事を見つけてやった。こうして彼女は、完全にというわけではないにしろ、自由の身になった。

13　Leavitt, *Typhoid Mary*, 73-76.
14　*Jacobson v. Massachusetts*（1905）, 197 U.S. 11.
15　Leavitt, *Typhoid Mary*, 78-90.
16　例えばジフテリアは、保菌者のあまりの多さに衛生局が隔離に踏み切れずにいた。杉山「アメリカ史の中の病気、移民、公衆衛生」、63頁。

マローンが1910年2月に解放されてから、1915年初頭に再び当局に逮捕されるまでの約5年間、どのように生活していたのかを正確に知る人は誰もいない。当局は少なくとも1914年頃までは、彼女が大体どの辺りにいるのかを把握していたが、その後どこにいるか分からなくなった。この時期に事件があった。1907年に最初に拘束された時、マローンにはブリーホフという恋人がいた。彼は、マローンがノース・ブラザー島にいる間も彼女に協力し、彼女を支えようとしていた。ところが、この男性がこの時期に心臓病で亡くなったのである。そしてマローンは、また料理人としての仕事を再開していた[17]。

　1915年の1月から2月にかけて、ニューヨーク市のスローン産科病院で、腸チフスの集団発生が起こった。医師、看護師、病院職員などから25名の患者が出て、そのうち2名が死亡した。調査の結果、この集団発生から約3か月前に新しい料理人メアリー・ブラウンが働き始めていたということが分かった。そのブラウンこそ、マローンその人であった。マローンは当局に逮捕され、1915年3月、再びノース・ブラザー島に連れて行かれた[18]。この二度目の隔離が、結局1938年11月の彼女の死まで23年半以上続くことになる。

　その間に、腸チフスの保菌者についての認識がどのように変化していたのかを簡単に見ておく。ニューヨーク市では、1908年に4,426人、1909年に3,058人の新規患者が報告された。快復した患者の中には慢性的な保菌者になる者がおり、患者の約3パーセントが保菌者になると見積もられていたので、毎年約100人の慢性保菌者が生まれていることになった。すべての保菌者を見つけることが可能であるとは誰も思っていなかったが、衛生局が何もせず手をこまねいていたわけではなかった[19]。

　誰が保菌者であるかを把握しておくために、当局は保菌者のリストを作成した。1916年の時点でニューヨークには24人分のリストがあった。その後少しずつリストの人数が増えていき、1918年には70人になっていた。そのうち3人が、強制的に隔離されていると報告されていた。ただし、隔離

17　金森『病魔という悪の物語』、91-93頁。
18　Leavitt, *Typhoid Mary*, 66-67.
19　Ibid., 50.

はあくまでも一定期間であり、無期限に管理され続けたのは、全米でも実はマローンだけであった。保菌者たちは、定期的に便のサンプルを当局に持って行くように命令され、住所も報告するように言われていたが、誰もがその命令に従ったわけではなかった[20]。

4．隔離の社会的文脈

　マローンが再発見された時、世間の論調は彼女に厳しいものであった。とはいえ、他の保菌者たちとの比較でマローンに対する取り扱いを考慮すると、彼女は1915年から死亡するまで23年以上も隔離され続ける必要が本当にあったのか、という疑問が起こる。マローン以外にも腸チフス菌の保菌者は何人もいたが、彼女ほど個人の名前や履歴が分かっている人間はいない。その中で、固有名詞が分かっている珍しい事例がある。

　フレデリック・マーシュは、ドイツ生まれの菓子屋であった。1915年に、彼が販売したアイスクリームが原因で、59人の腸チフスの集団発生が起こった。彼は当時38歳の既婚者で、4人の子供を持っていた。マーシュを気立てが良くて従順であると見なした衛生局は、彼を保菌者リストに掲載し、今後食品産業に従事しないよう指示して解放した。その後しばらく彼は、機械工助手や配管工として働いていたらしい。そして1928年にマンハッタンのグリニッジ・ヴィレッジで腸チフスの集団発生が起こり、60人が発症して何人かが死亡した。調査の結果、マーシュがそこでアイスクリームを販売していたことが分かった。彼はノース・ブラザー島のリヴァーサイド病院に送られ、何年かをそこで過ごしたが、それが自発的なものであったのか強制的なものであったのか明確な記録はない。しかしながら、マローンのような記録がないこと自体が、マーシュの滞在が自発的なものであったか、通常の入院であったか、とにかくマローンとは全く異なる待遇であったことを示している、とリーヴィットは指摘している[21]。

　マローンとマーシュに対する扱いの差異は、保菌者への対処方法が、科

20　金森『病魔という悪の物語』、96-98 頁。

21　Leavitt, *Typhoid Mary*, 121-123.

学的あるいは客観的な基準に基づいて決定されるという前提に疑問を投げかける。マローンがアメリカで最初に確認された保菌者であったということを考慮に入れても、彼女がアイルランド人移民であり、労働者階級であり、女性であり、独身であったという事実が、衛生局の彼女に対する扱いに影響を与えたのではないかと考えられる。

　衛生官は女性の腸チフス保菌者を、男性のそれよりも危険であると見なした。というのは、腸チフス菌の感染ルートのひとつが、伝統的な女性の活動だったからである。女性は男性よりも、家族のために料理をしたり、家内労働者として雇用されたり、教会などの公的な場で食事を提供したりする機会が多かった。腸チフス保菌者に関する当初の統計では、男性よりも女性の方が多く保菌者リストに掲載されていた。保菌者であるということは、社会的な性別役割によって定義されたのである[22]。

　また移民史家のアラン・M・クラウトは、マローンが批判されたのは女性であったためであると指摘している。伝統的な性別役割からすると、他人のために料理を作るという女性の家庭的なイメージが、マローンの行動によって傷つけられた。当時の男性にとって彼女は、女性らしくない、あるいは堕落した女性のように思われたのである[23]。

　マローンはさまざまな記事の中で、しばしばアイルランド人移民であると書かれた。アイルランドからの移民には説明が必要である。多くのカトリック教徒のアイルランド人をアメリカに移住させたのは、1840年代のジャガイモ飢饉であった。以来アイルランド人移民はアメリカで非熟練労働者として、運河や鉄道の建設などの危険な職業に携わってきた。19世紀後半には二世が徐々にアメリカの主流社会に同化し、地理的には分散していた[24]。しかし、19世紀末から20世紀初頭のアメリカ社会は、決して移民を暖かく

22　Ibid., 97-98.
23　クラウト『沈黙の旅人たち』、149 頁。
24　アイルランドからアメリカへの移民については以下を参照。Kerby A. Miller, *Emigrants and Exiles: Ireland and the Irish Exodus to North America* (New York: Oxford University Press, 1985). カービー・ミラー／ポール・ワグナー（茂木健訳）『アイルランドからアメリカへ－ 700 万アイルランド人移民の物語－』東京創元社、1998 年。また、アメリカにおけるアイルランド人の表象として以下も参照。結城秀夫・夏目康子編『アイリッシュ・アメリカンの文化を読む』水声社、2016 年。

迎えるものではなかった。

　19世紀末のアメリカでは大規模な工業化が急速に進んでおり、不足する労働力を補ったのが外国からの移民であった。西海岸には中国や日本から、東海岸には南東ヨーロッパからの移民が押し寄せた。中でもニューヨークには、その8割が上陸した。彼らはそれまでの比較的豊かでプロテスタントであった北西ヨーロッパ中心の移民とは異なり、貧しく、宗教的にもカトリック、ユダヤ教、東方正教と多様であった。その数は、1880年から1924年の移民制限法制定までに2,350万人にのぼった[25]。

　移民は都市部に集中し、都市人口が爆発的に増大するとそれが原因で衛生問題が起こった。都市には、それほど多くの人々を受け入れる準備ができていなかったからである。上下水道の基盤設備、住宅などは、急増する人口の需要を満たすことができなかった。移民の多くは衛生状態の劣悪な居住区に住み、そこでは病気が蔓延しやすかった[26]。それは、アメリカ生まれの白人中産階級に嫌悪感と不安を引き起こした。反移民感情はこの時期、アイルランド人よりも南東ヨーロッパからの移民に向けられていたが、この時期の移民はアメリカの中産階級的な衛生基準を満たしていないと見なされた[27]。

　マローンは、アイルランド生まれの移民労働者階級の独身女性であったが、それらの要素は生活において選択肢がほとんどなかったことを意味している。社会的・経済的に支援してくれる家族がいなかったので、彼女は働かなければならなかった。彼女のような移民労働者階級の独身女性にとって雇用の機会は限られていたが、裕福な家庭は多くのアイルランド系女性の雇用場所であった[28]。彼女の職場が、不衛生で感染症が蔓延しやすい移民居住区ではなく、衛生的で安全なはずの裕福な家庭であったことも、当局の目を引いて徹底して対処される要因になったと考えられる。

　すべての保菌者が公衆衛生にとって潜在的に危険であったはずだが、マローンの事例が示すのは、保菌者の危険性は、細菌やウイルスに限定され

25　杉山「アメリカ史の中の病気、移民、公衆衛生」、57頁。
26　スーエレン・ホイ（椎名美智訳）『清潔文化の誕生』紀伊國屋書店、1999年、第3章。
27　Leavitt, *Typhoid Mary*, 117-118.
28　Ibid., 100.

るものではなく、社会的文脈において定義されるということである。マローンの社会的立場、すなわちアイルランドからの移民であり、家内労働者であり、女性であり、独身であることなどが、衛生局が彼女を危険であると定義し、公衆衛生の名の下に自由を剥奪するのに寄与したのである。

5．おわりに

　腸チフスがもたらす社会的災禍は、現在では以前とは比べ物にならないくらい小さい。しかし、マローンの経験は決して過去の、そしてアメリカだけの話ではない。感染症をもたらす病原体やそれへの対処方法が分かってきたのは19世紀後半になってからで、その後感染症による死亡者数は激減した。しかし1970年頃から、以前には知られていなかった新たな感染症や、過去に流行した感染症で一時は発生数が減少したものの再び出現した感染症が問題となっている。

　感染症の蔓延は、その都度公衆衛生に課題を突きつける。社会において不特定多数の人々の生命を救うためなら、一人の人間、または少数の人間の自由がある程度制限されることは認められるのか。その場合、どの程度までの制限が認められるのか。言い換えると、個人の自由と全体の福祉が互いに相克関係にある時、どのようにバランスを取れば良いのか。

　公衆衛生政策は、一見「科学」の装いで客観的に実施されているように思われるが、実は社会的・文化的偏見によって影響されている。国籍、人種、民族、宗教、階級、ジェンダー、年齢などに基づく社会的・文化的偏見が、感染症の蔓延で隣にいる人間が恐ろしい感染源かもしれないという生物学的恐怖感によって増幅される。そして意識的であれ無意識的であれ、感染者の特定や個人の自由の制限に影響を与える要因となり得るのである。特に感染のリスクはさまざまな社会的弱者において高いため、彼らがその影響を受けやすくなることを考慮すると、感染症に対して脆弱な人々に対する対策ほど、慎重さが求められる。

パンデミックと世界文学
——20世紀ディストピア小説をふりかえる——

武田昭文

1.　はじめに ——ディストピアとは？

　ディストピアは，ユートピア（理想郷）の対義語である。

　ディストピア（英語：dystopia）の語源は，「悪い」を意味する古典ギリシア語の δυσ に、おなじく「場所」を意味する τοπος を組み合わせたもので，ディストピアは，日本語では逆ユートピア，暗黒世界，地獄郷などとも言われる。

2.　ディストピア小説の特徴

　20世紀文学において顕著となった逆ユートピア的な未来小説のタイプ。一般に，強大な権力による管理・統制の下におかれた，未来の全体主義国家・高度コントロール社会を描くことが多い。科学技術の進歩が人間と社会にとって脅威となるケースをしばしば取り上げる。〈最終戦争〉〈人間改造〉〈新たな階級社会〉〈歴史の改変[1]〉等のテーマもこのジャンルに含まれる。

　ディストピア小説は，基本的に，①未来小説，②SF，③諷刺・思想小説という3つの特徴をもつ。このうち諷刺は，政治ないし社会批判と言い換えてもよい。そしてその批判と結びついた思想において注目すべきは，ディストピア小説には，必ずと言ってよいほど，支配者と被支配者の思想的対決というモメントが入っていることである[2]。

1　たとえば，フィリップ・K・ディックのディストピア小説『高い城の男』（1962）は，第二次世界大戦で日独に負け，分断統治された米国を描いた〈歴史改変SF〉である。

2　実は，そうした思想的対決の場の強力な原型となっているのが，ドストエフスキイの『カラマーゾフの兄弟』（1880）の中にある「大審問官伝説」という挿話である。このようにドストエフスキイを現代のディストピア小説の「草分け」的存在として論じる視点もあることに留意しよう。

ディストピア小説は，〈戦争と革命〉の世紀と呼ばれる20世紀に生まれた〈危機の文学〉であると言えるだろう。この新しい文学ジャンルが開示した世界観は，間違いなく21世紀の今に引き継がれている。ディストピア小説は，今日，恐らく政治と文学がもっとも鋭く斬り結ぶ文学ジャンルである[3]。

3．20世紀前半の代表的ディストピア小説

　本稿はまず，20世紀ディストピア小説の古典的名作として，次の３つの作品を取り上げて比較考察を行う。

1．ザミャーチン『われら』（1927）［1920～21執筆］
2．ハクスリー『すばらしい新世界』（1932）
3．オーウェル『1984年』（1949）

　これは，ディストピア小説における現代の政治と社会の危機の認識を，その〈始まり〉に遡って確認するためである。なお，考察にあたっては，初めに各作品のあらすじを示し[4]，次に３つの作品に共通するトピックに注目して分析を行うものとする。

3－1．ザミャーチン『われら』

『われら』のあらすじ

　舞台は未来の都市国家「単一国」。アルファベットと番号で呼ばれる市民たちは，生活の細部まで国家によって厳密に管理されている。セックスさえも性管理局に管理され，恋愛というものはない。主人公の宇宙船建造技師は，この国家のイデオロギーに忠実な市民だったが，ある女性との関係を通じて画一的な管理社会に疑問を抱くようになる。実は，彼女は「単一国」の体制に反対する勢力のリーダーだった。そして宇宙船の試験飛行の日，彼は彼女とともに宇宙船の乗っ取りを図り，それに呼応して不満分子が行動を起こす。しかし，反乱は失敗に終わり，彼は想像力摘出手術を受けることによって，ようやく「完全な」市民になることができる。

3　最近の日本文学では，辺見庸『青い花』（角川書店，2013），田中慎弥『宰相Ａ』（新潮社，2015），桐野夏生『日没』（岩波書店，2020）などの小説が挙げられる。
4　この３作品のあらすじは，「週刊朝日百科『世界の文学』72・ヨーロッパⅤ・ジョージ・オーウェル，ザミャーチンほか」（2000）を参照して作成した。

　この小説は，レーニンとその党による一党独裁と，アメリカで始まった
テイラーシステムの労働管理を合体することから発想された。このうちよ
り重要なのはテイラーシステムで，作者はその労働管理を人間そのものの
管理にまで進めて，人間が工場の部品のように管理・統制される画一的な
未来社会を描いた。それに比べれば，この小説におけるレーニンらに対す
る諷刺は，実のところ二次的なディテールにすぎない。

　ガラス張りの建物と住居に人々を住まわせ，法律に代わる「時間律令板」
（タイムテーブル）に従った生活を強いて人々の〈個〉の意識を剥奪する，
この「単一国」の権力がもっとも危険視するのが〈性〉を介して男女の間
に結ばれる〈愛〉である。なぜなら，そこに生まれる〈個人的な結びつき〉
は，独裁国家における〈公共の利益〉を超える価値観に人々を目覚めさせ
るからだ。

　そのために「単一国」では，人々が申請式で誰とでもセックスできるよ
うに制度化（強制）することで，特定の相手に〈性・愛〉が固着しないよ
う図られている。この国には，家族はなく，親が子を育てることも許され
ていない。

　このような抑圧社会における禁じられた愛を，この小説は体制側のエリー
ト技師が反体制側の女性に誘惑されるストーリーに沿って，大変スリリン
グに描いている。これはこの小説が書かれた当時とすれば，相当大胆な性
的関係の描き方だったのではなかろうか。

　ザミャーチンの『われら』は，国家イデオロギーが個人の意思に優越す
る世界としてディストピアを描き出し，その全体主義に抵抗する〈個〉の
拠り所として〈性〉の問題を取り上げた。そしてこのように〈性〉をディ
ストピア小説の中心的テーマとして取り上げたことにおいて，『われら』は
20世紀ディストピア小説の真に先駆的な作品となっている。ザミャーチン
の創り出した〈性〉をテーマとする恋愛小説としてのディストピア小説と
いう型は，このあとのハクスリーやオーウェルの小説にも引き継がれてい
く。

３−２．ハクスリー『すばらしい新世界』

『すばらしい新世界』のあらすじ

　フォード紀元632年の未来都市ロンドンは，人工孵化・条件づけセンターで必要な階級の人間を必要なだけ作り出す方法を基礎に，不気味なまでに国家統制された社会秩序が守られている。「個人」という観念はもはや存在しない。しかしバーナード・マルクスは「個人」の意味にこだわり，野蛮人居留地で発見したジョンとともに，科学技術の粋を誇る文明の抑圧的な面を問題にし始める。ジョンは，すべての人間が条件反射を組み込まれて働き，悩みがあってもソーマという薬を飲めば忘れることができる社会を激越に批判するが，その彼もまた「驚異の見世物」として文明に飲み込まれていく。そしてある日，観光客たちは自殺したジョンを発見する。

　この小説の発想にも工場のモデルが与っている。今度はＴ型フォードの大量生産であり，作者はそれを生物工学による人間のグロテスクな管理生産と結びつけた。

　この新世界は，社会の「安定」こそが全人類の幸福であるとして，その安定を維持するために科学技術の総力を傾けている。『われら』で問題になった〈個〉や〈性〉は，そうした「安定」を脅かす危険因子だが，この小説がユニークなのは，それを力で抑圧するのではなく，「科学技術によって人々の欲望を先取りして自由を骨抜きにする」ことで防御しているところである。

　この小説に出てくる「快楽薬ソーマ」「触感映画」「性ホルモン・チューインガム」「芳香オルガン」等のあやしげなアイテムは，そうした事情を如実に物語っているが，特筆すべきは，こうした欲望の馴致に加えて，この小説が〈言語〉による洗脳という問題をディストピア小説の中心的テーマとして取り上げていることだ。

　それが「睡眠教育」によって人々が条件づけされる「知恵」の言葉である。たとえば，「今は誰もが幸せだ」「過去と未来は大きらい」「歴史などたわごとだ」「今だけつかめ」「誰もがみんなのもの」「個人の想いは社会の重荷」等々。そして恐ろしいことに，この思考停止のための合言葉というべきものが，新世界の人々の思考の限界である。こうした「すばらしい新世界」の中で，ただ一人の旧世界人であるジョンは，新世界人の恋人と〈愛〉

と〈性〉についての考えがまったくかみ合わず、絶望して自殺する。

　ハクスリーの小説は、もはや〈性〉も〈個〉の拠り所たりえず、〈愛〉が不可能になった世界としてディストピアを描いた点において、『われら』から一歩踏み出し、あるいは次の『1984年』よりも現代的な問題提起性をもった小説になっているかもしれない。

3－3．オーウェル『1984年』

『1984年』のあらすじ

　1984年、世界は3つの全体主義的な超大国に分割されている。舞台はその一つオセアニア国に属するロンドン。指導者ビッグ・ブラザーをいただく党の支配下で、テレスクリーンによる私生活の監視、友人・家族の密告、マスメディアの操作、言語の改造などによる思想統制が徹底されている。主人公ウィンストン・スミスは「真理省」の職員として歴史の改竄作業にあたっていたが、党支配に疑問を抱くようになり、ひそかに日記を書き、恋人ジュリアと密会して禁断の自由恋愛を実行する。民衆の潜在的な力に期待し、現体制の転覆を夢想するが、思想警察に捕縛され、「愛情省」内で拷問を受けて洗脳され、ついには破滅させられる。

　この小説には前2作のようなSF的要素は少なく、主にソ連のスターリンの独裁政治をモデルとして、近未来の全体主義国家を描いている。この小説は、①恋愛小説、②拷問小説、③政治権力と言語問題をめぐる思想小説の3つの側面をもっているが、そのうちもっとも独創的なのは思想小説の部分だろう。ハクスリーが取り上げたディストピアと〈言語〉の問題を、オーウェルはこの小説で、より現実的で実現可能な〈言語政策〉として具体化してみせた。

　それが「二重思考」と「ニュースピーク」である。二重思考は、党のスローガン「戦争は平和なり／自由は隷従なり／無知は力なり」に象徴される欺瞞的な思考法であり、一方ニュースピークは、党利に基づく国語改革で、国民の思考力そのものを破壊することを目的としている。そしてもう一つ組織的に行われているのが、情報操作とくに「歴史の改竄」である。このように作者は、全体主義国家がまさに〈言語〉を通して国民を奴隷化していくさまを提示する。

この小説においても〈個〉と〈性〉の問題がいっしょに取り上げられるが，その抑圧は前2作と比べものにならぬほど厳しく，党によって〈性〉を忌むべきものとして敵視・排除する政策が徹底的に行われている。その息苦しさはまさに〈生〉の圧殺にほかならず，数あるディストピア小説の中で本書がもっとも暗い小説と言われるのもこの性嫌悪社会の描写に由来するだろう。

　この小説はまた拷問シーンによって有名だが，これは他のディストピア小説における思想的対決に当たるものである。このように支配者と被支配者の対決を，〈議論〉や〈論争〉としてではなく，〈拷問〉として描いたところに，オーウェルのリアリズムが光っている。

3−4．ディストピアの〈性〉と〈言語〉

　以上に考察した3つの小説に共通するトピック，すなわち中心的テーマをまとめよう。

†体制の管理・統制の及ばない領域としての〈性〉の問題

　3つの小説がすべて〈性〉をテーマとしていることには理由がある。性的な関係は男女の間に社会の他のものが介入することを許さない独自の世界を作り出す。だからその脅威を除去するために，『われら』と『すばらしい新世界』では，誰とでもセックスできる権利を制度化することで性愛のエネルギーの安全な消費が図られ，逆に『1984年』では，性への嫌悪がイデオロギー的に植え付けられることにより，そのエネルギーのはけ口が戦争や個人崇拝に向けられるよう仕組まれている。（国家による〈性〉の管理と利用）

†思想統制の手段としての言語政策（社会的記憶喪失の実現）

　『すばらしい新世界』では，禁書政策と，「睡眠教育」で条件づけされる合言葉の徹底によって国民の総白痴化が実現される。『1984年』では，「二重思考」と「ニュースピーク」によって思想と語彙・構文の極限的貧困化が図られ，国民の思考力の破壊が目論まれる。全体主義権力のねらいは，こうした〈言語〉を介した洗脳によって個人と社会から〈過去・記憶〉を抹殺し，支配を容易にすることである。（『われら』では，最終戦争により過去の文明の痕跡はすべて消滅している）

3 − 5．ディストピア小説の２つの〈型〉

　これらの小説は20世紀ディストピア小説の基本的な二つの方向性を決定した。一つは，軍事優先主義的なイデオロギー集団の独裁国家が，国民を暴力的に支配する〈ハードな管理社会〉を描く『1984年』型のディストピア小説であり[5]，もう一つは，社会の安定性と効率性の追求が，科学技術の進歩と連動して，真綿で首を絞めるように人々の自由を骨抜きにしていく〈ソフトな管理社会〉を描く『すばらしい新世界』型のディストピア小説である。

　さて，ここまで見てきたディストピア小説は，いずれも全体主義国家を舞台にして，特にそこでの〈性〉と〈言語〉の問題に焦点を当てて深い洞察を加えていた。では，これ以降，それはさらにどのような問題を発見していっただろうか。

4．20世紀後半〜21世紀のディストピア小説から選ぶ２作

　今日，未来小説と名がつくものは悉くディストピア小説であると言っても過言ではない。そうした中から特定の作品を選ぶのはどうしても恣意的になる。だがその危険を承知の上で，ここではディストピア小説史に新たなページを書き加えた画期的作品として，次の２つの小説を取り上げて紹介したい。

　1．　マーガレット・アトウッド『侍女の物語』（1985）
　2．　カズオ・イシグロ『わたしを離さないで』（2005）

　前者は初めて女性作家が女性を主人公にして書いたディストピア小説であり，後者は『1984年』型でも『すばらしい新世界』型でもないディストピア小説の出現として注目されるものである。

5　『われら』もこの『1984 年』型に分類できる。

4－1．アトウッド『侍女の物語』

> ### 『侍女の物語』のあらすじ[6]
>
> 　21世紀の初めと思われる時期に，環境汚染や原発事故，不妊ウイルスの流行等で出生率が激減したアメリカ合衆国で，キリスト教原理主義者の一派がクーデターを起こし政権を奪取する。彼らはすべての女性から仕事と財産を没収すると，妊娠可能な女性たちを「侍女」としてエリート層の男性の家に派遣する。「侍女」たちはあくまで出産の道具として，「国家資源」として保護され，儀式の夜に主人の精液を受けて，ひたすら妊娠を待つことになる。これは，そんな女性たちにとっての暗い近未来社会をオブフレッドという「侍女」のひとりの目をとおして描いたものである。

　この小説の新しさは，従来のディストピア小説が全体主義国家における〈人間一般〉の抑圧を描いていたのに対して，それを特に〈女性〉の抑圧の問題に絞り込むことで，現代世界に存在する様々な〈女性差別〉の現実をあぶり出した点にある。

　この小説における全体主義国家成立の主要因として「不妊ウイルスの流行」による「出生率の激減」が挙げられているのは，今回の〈コロナ禍〉を体験した我々には決して絵空事でない設定だ。（もしCOVID-19が人間の生殖能力に影響するウイルスであったら，世界と社会の反応は今どころではなかっただろう。）

　神権政治的な軍国体制の下に，国家的「代理母」制度が敷かれたこの小説の世界は，間違いなく『1984年』型の〈ハードな管理社会〉である。だがこの小説のもう一つの新しさは，そうした暗澹たる世界を，同時に独特の〈美〉とともに描き出したことにある。それが登場人物たちの〈衣装〉で，「侍女（赤），司令官（黒），その妻（青）」等と階級別に定められた〈制服〉は，悪趣味でかつ蠱惑的な〈ファシズムの魔力〉とも言うべき〈統制美〉を小説に与えている[7]。

　アトウッドはディストピア小説に初めて女性の一人語りを導入すること

6　このあらすじは，アトウッド『侍女の物語』斎藤英治訳（ハヤカワepi文庫，2001）の「解説」を参照して作成した。

7　この小説に描かれた「赤い服に白い帽子の「侍女」の衣装」は，今日，女性の権利を訴えるデモで女性たちが装うコスチュームにもなっている。

で，このジャンルの〈性的ファンタジー〉がいかに男性中心的なものであったかを明らかにした。その意味で，これはすぐれてフェミニズム的な小説である。その上でさらに興味深いのは，この女性抑圧社会のイデオローグがまた女性に設定されていることだ。「侍女」たちを再教育するセンターの所長リディア小母が，本書の隠れた第二の主人公である。彼女の思想によれば，男は精子の供給源としてだけあればよく，社会存続の実権は女が握っている。このように，「形態は家父長制で内実に女族長制を秘めた」不穏なディストピアは，確かにこれまで描かれることがなかった。

４－２．カズオ・イシグロ『わたしを離さないで』

> **『わたしを離さないで』のあらすじ[8]**
>
> 主人公キャシーは，「介護人」として，長年同じ寄宿学校に通い，青春期を共にした友人や初恋の人の看病にいそしむ。病院までの往復，車中で思いを馳せる懐かしい日々。淡い初恋や，友人とのささいな喧嘩。そして同時に思い出すのは，穢れにふれるかのように怯えた目をした教師や，一人また一人と姿を消していった友人たちのこと。淡々として，かつ胸を絞めつけるようなノスタルジックな語りの中で，ヴェールが一枚一枚はがされていくよう明らかになっていく，彼らの育った施設ヘールシャムの秘密。次々と友人たちが死んでいく理由。彼らは誰か，彼らが生きる社会とは……。

　これは臓器提供用に作製されたクローン人間たちの物語である。彼らは16歳まで施設で育ち，成人後は「提供」をくり返して若くして死んでいく。親がなく子供ができないことのほかに，我々人間と何も異なるところはない。彼らは〈人間〉として悩みながら，しかし〈クローン〉としての運命を受け入れ，社会の中でみずからの素性を隠してひっそりと生きている。

　初めてこの小説を読んだとき，主人公たちはなぜ逃げようとしないのかと思った。それからわかったのは，彼らが逃亡を考えることもできないほど〈弱い存在〉なのだということだ。これは，生命倫理の問題に重ねて，

8　このあらすじは，「ブクログ」-「『Never Let Me Go』（KazuoIshiguro）の感想」から「Withverneさんのレビュー（2017.09.09）」を参照して作成した。https://booklog.jp/item/1/0571258093〔2020.12.30 閲覧〕

ある者たちの幸福のために他の者たちを犠牲にすることが是認された社会における〈限りなく弱い者たちの声〉を掬い上げた小説である。

この小説は，一見ディストピア小説のように見えないかもしれない。ここに描かれているのは，あくまでクローン人間のディストピアな生存である。しかし，このような臓器提供用人間の存在を〈必要悪〉として認めた社会は，十分にディストピア的である。

ザミャーチン，ハクスリー以来の〈倫理なき科学技術〉の危険がここでも取り上げられている。Scienceは，本来〈科学〉だけでなく〈学問〉の意味をもっている。そのScienceを共有することで生まれるのがconscience「良心」である。

このようにあるべきScienceが，人文学的な〈知〉と〈心〉を欠いて，科学技術だけを意味するようになったときに起こりえる，悪夢的な弱者の物語をこの小説は描いている。そして甚だ憂慮すべきことに，こうした選別的で，弱者の存在に見て見ぬふりをする社会の傾向は今，むしろ強まっているのである[9]。

5. おわりに

新型コロナウイルスの流行が始まってしばらく経った，2020年春ごろから思うようになったことが二，三ある。

一つは，この感染症は（あたり前だが）やはりペストやコレラなどの伝染病とは違って，我々の5人や10人に一人がばたばた死んでいくという病気ではない。それまでにカミュやデフォー，サラマーゴらの小説を読み返していたが，病禍そのもののリアリティーがかなり違っているということ。

もう一つは，今回のような新感染症の発生が，発展途上国における森林伐採や農地開発などの生態系の破壊と関係している以上，この先もいくつもいろんな感染症が出てくるであろうということ。

---

9 本稿の発表が行われたシンポジウム「感染症と人文学」（富山大学人文学部，2020年11月7日）の質疑討論において，参加者のマリー＝ノエル・ボーヴィウー氏からフランスの人文主義者ラブレーの名言 "Science sans conscience n'est que ruine de l'âme."（「良識なき科学は魂の廃墟である」）をご教示いただいた。記して感謝の意を表したい。

　そして三つ目は，こうした社会的危機は，必ず国や社会の側からの市民の管理・統制，監視の強化につながっていくだろうということ。現代史を見ても，大きな戦争，経済恐慌，疫病の蔓延に続いては，決まって市民の監視強化と，悪しきタイプの国民的団結というふうに動いている。21世紀の未来に臨む長期戦の視野に立てば，本当に恐れなければならないのは，この強権的な監視社会の出現ではないかと思うに至った。

　本稿は，こうした憂慮の展望から，カミュらの〈疫病〉をテーマとした小説もその内に含むジャンルとして，ディストピア小説の問題を考察したものである。取り上げる作品の選択にあたっては，公開シンポジウムということを考慮して，参加者がすでに読んでいるか，書名だけでも知っているような有名作品を選ぶことにした。まだ読んでいない小説があったという読者には，本稿が読書ガイドのようなものとしてお役に立ったら幸いである。

　なお，本稿は枚数制限の関係により，当日のシンポジウムでたっぷりと行った各作品からの引用をすべて割愛せざるをえなかったことを書き添えておく。

使用テキスト

エヴゲーニイ・ザミャーチン『われら』小笠原豊樹訳（集英社文庫,2018）
オルダス・ハクスリー『すばらしい新世界』黒原敏行訳（光文社古典新訳文庫,2013）
ジョージ・オーウェル『1984年』高橋和久訳（ハヤカワepi文庫,2009）
マーガレット・アトウッド『侍女の物語』斎藤英治訳（ハヤカワepi文庫,2001）
カズオ・イシグロ『わたしを離さないで』土屋政雄訳（ハヤカワepi文庫,2008）

参考文献

「週刊朝日百科『世界の文学』72・ヨーロッパV・ジョージ・オーウェル，ザミャーチンほか」（2000）
『世界のSF文学・総解説』〔責任編集〕伊藤典夫（自由国民社,1986）
円堂都司昭著『ディストピア・フィクション論』（作品社,2019）

ボランタリーな地理情報 (VGI) の可能性と課題
—COVID-19をめぐって—

鈴木晃志郎

1. はじめに

　2020年、およそ100年ぶりに人類は世界規模のパンデミックに見舞われた。新型コロナウイルス感染症（COVID-19：以下コロナ）は、未知のミクロな危機に対して、我々の社会がいかに脆弱であったかをまざまざと見せつけた。1918年に世界を席巻したいわゆる「スペインかぜ」の際のイギリスの感染状況を検証したTaubenberger and Morens（2006）などを参照するに、パンデミックの状況は少なくともあと１年続き、感染規模拡大の波が通算３回は起こるとの見通しを持たざるを得ない。もちろん本稿執筆中の12月中旬、すでに第３波は第２波を超える規模に拡大し、その見通しすら楽観的に思えるのが現状である。

　感染拡大を語る時、今でも引用される研究にPyle（1986）がある。ヨーロッパではたびたび、ロシア発のインフルエンザの流行が起きてきた。Pyleはおよそ100年を挟んだ２時点のインフルエンザの拡散プロセスを比較し、1781年にはヨーロッパ侵入後スペイン到達まで７カ月を要した流行が、1889年の拡散の際はわずか３ヶ月にまで短縮されたことをつきとめた。この間の一大イベントが鉄道の普及である。世界初の鉄道路線がイギリスに登場したのは1825年、次いでフランスに1832年、ドイツは1835年に鉄道運転が開始された。Pyleの研究は、疾病の拡散がキャリアである人間を輸送する手段の発達と切っても切れない関係にあることを示している。

　コロナの場合、発生地と目される中国国内の感染拡大のピークは２月初旬であり、１月24日からの春節に伴う移動で拡散したものと推測される（Zhou *et al.* 2020)。日本国内では、１月16日から26日にかけて武漢から訪日した中国人４人が相次いで発症し、次いで28日には日本人初の感染者が出た。ご記憶の方も多いであろうダイヤモンド・プリンセス号の入港はその直後、２月３日である。本章を読み進めるにあたり、日本人がコロナを

対岸の火事ではないと身構え始めたのがこの時期であったことを今一度思い起こしていただきたい。このタイミングは、本章の内容理解に際して少なからず重要になる。

　図1は今から100年ほど前、1910年11月17日にミズーリ州セントルイスの地方紙、セントルイス・ポストに掲載された新聞広告である。1877年にボストンで誕生したベル電話会社のもので、「検疫で隔離されているとき」のキャプションがついている。そう、隔離された患者の「外部とコミュニケーションを取りたい」という欲求が電話の普及に一役買うことを、この広告は示唆しているのだ。本章で筆者が扱うテーマは、この広告に象徴されている。すなわち「災禍は技術革新を促進させる」―戦争

図1　ベル電話会社の出した約100年前の新聞広告（出典は文中記載）

や疾病、災害などの社会的な危機は一面で技術革新の大きな契機になる、ということである。技術革新の観点からコロナ禍を小括すること、これが本章の狙いである。

2．VGIと社会参画

2.1. VGIとは何か

　今日の情報化社会において、インターネットはまさしくインフラというべき存在となっている。しかし、そのルーツが1960年代後半にアメリカ国防総省の高等研究計画局（ARPA: Advanced Research Project Agency）の資金供与によって開発されたパケット通信による学術機関のネットワーク・システム（ARPANET）にあることが意識される機会は多くない。同様に、今日のカーナビや自動運転技術を支える基幹的技術であるGPSは、湾岸戦争で実戦に導入された精密誘導技術が転用されたものである。

阪神淡路大震災（1995年）の苦い教訓をもとに、日本では国土情報の電子化が進められてきた。今では各種統計データや数値地図（都道府県の境界線や鉄道、道路、河川や標高などの地理情報を電子化したもの）は国土地理院や総務省統計局のウェブサイトで無償公開され、パソコンや携帯端末で容易に扱えるようになっている。

　阪神淡路大震災から16年を経た2011年、東日本大震災直後の復旧初動段階で行われたのが「クライシスマッピング」であった。罹災直後の現地の様子をほぼ何も把握できない状況下で、手掛かりとなるのはリアルタイムで上空を飛んでいる人工衛星の衛星写真と、航空機によって撮影された空中写真だけであった。これらを判読、沿岸地域の道路の寸断情報をウェブ上のデジタル地図に反映させて共有可能にし、自衛隊や救助隊に進入経路をいち早く伝えることは、一刻を争う場面では不可欠な作業だった。このプラットフォームが構築され、実際に機能したのが東日本大震災だったのだ（瀬戸2011）。それは、阪神淡路大震災の苦い教訓が生かされた瞬間でもあった。

　このとき、日本版クライシスマッピングのプラットフォームになったのは、2004年に誕生したオープンストリートマップ（OSM）と呼ばれる著作権フリーのウェブ地図であり、APIと呼ばれる地図の組み込み技術を使ってOSMをウェブサイト上で扱えるようにしたウェブサイト（sinsai.info）である。そしてこれら全ては、行政関係者でもなければ研究者でもない、一般市民のボランティア精神によって作成された。有史以来、一般市民がここまで地図作成行為（マッピング）を通じて社会にコミットしたことはない。これはマッピングの民主化という、新しい事態なのである。

　2000年代に入り、ウェブ通信の高速化や端末の高性能化を背景に、ウェブ・コミュニケーションの双方向化（Web2.0）が急速に進んだ。カリフォルニア大学（UCSB）のMichael Goodchildは、作り手が提供しユーザーが利用する仕組みで支えられてきた地理情報が、一定のスキルとインフラを前提に世界のどこからでも、誰の手でも双方向でマッピング可能になる時代の到来を予見して、これをVGI（ボランタリーな地理情報）と呼んだ（Goodchild 2007）。

2.2. Code for Project

　VGIの実践をする際、不可避的に問題となるのが、コンピュータ（端的にはプログラムやソースコード）の知識である。マッピングを通じた社会参画も、そのプラットフォームをデザインする技能を持つ人が中心的な役割を果たすことで初めて成り立つ。VGIも、電子地図に加筆したりウェブサイト上の文言修正をする末端のユーザーだけでなく、そのサイトを設計するプログラム（のコード）を書くエンジニアやプログラマーたちを含めた一般市民が、社会の課題解決に積極的な参画を果たそうとする思潮によって支えられている。その中心的な運動の一つが、2004年にアメリカで誕生したCode for Project（以下CfP）である（実質的な主導者Jennifer Pahlka氏は、Web2.0の提唱者Tim O'Reilly氏のパートナーでもある）。CfPは日本へも紹介され、先に述べた日本版クライシスマッピングを契機として、2013年には一般社団法人Code for Japanが創設された。このときの創設者がsinsai.infoを構築したシステムエンジニアの関治之氏だったのは、決して偶然ではない。今では、携帯電話に実装されたGPSの位置情報から利用者の居住地を割り出し、自治体のゴミ出し日とリンクさせることで、日々出せるごみの種別を自動で通知してくれるアプリ「5374.jp」（Code for Kanazawa）や、阿波踊り当日、どこにどの連（れん）がいるかをリアルタイムで教えてくれるアプリ「連レーダー」（Code for Tokushima）など、自治体の手が回らないようなところでCfPから様々な成果物が生まれている。

　阪神淡路大震災以降に進められてきたオープンデータ化の流れと、市民がプログラムやデータの編集を通じて社会参画する潮流が、コロナに先立って育まれていたことを確認しておこう。

3．VGIによる疾病の可視化

　見知らぬ土地で迷った際、我々が思わず地図に頼りたくなるように、コロナという目に見えない未知の脅威を前に我々ができる対抗策の一つは、地図や図表を使ってより正確に感染拡大の状況を把握することであろう。そして、これがVGIの対コロナ最前線となった。

図2　ジョンズ・ホプキンス大学のCOVID-19 Dashboard
https://coronavirus.jhu.edu/map.html

　2020年12月現在、世界で最も有名な可視化サイトは、アメリカのジョン
ズ・ホプキンス（以下JH）大学システム科学工学センターが作成した
COVID-19 Dashboardだろう。Dashboard（ダッシュボード、以下DB）は
ウェブ上でユーザーが値を調整して結果を出力できる可視化ツールの集合
であり、管理画面のような形をしている（図2）。ご覧のように、DBは専
門的見地から何かを分析しているわけではない。効果的に可視化して、利
用者に現状をできるだけ正しく認識してもらうための公器に徹していると
ころがポイントである。JH大学のDBは公開されたのも1月22日と、世界
的にも最速クラスの早さであった。まだ日本人の感染例はなく、大半の人々
がこれほどのパンデミックになるとは思っていなかった頃である。
　一方、管見の限り日本で最も早く可視化サイトを立ち上げたのは日本経

済新聞社であった。同社はグラフ表現によるコロナの可視化を試み、2月7日に最初のバージョンを公開した。次いで2月16日、選挙コンサルティング会社代表の大濵﨑卓真氏らが「感染者数マップ」を立ち上げた。同社は、JH大学のDBを参考にしつつ密度分布図など独自の表現を加えてコロナの可視化を試みている。

　これに続いた東洋経済新聞社は、2月27日に国内感染状況を可視化するDBを公開したが、このDBには2つの注目すべき点があった。それは、作成者が同社編集部に所属する個人（荻原和樹氏）であった点、そして管見の限りコロナの可視化サイトでGitHubと呼ばれるウェブ上のデータ保管庫を初めて利用した事例だったことである。

　GitHubはプログラムのソースコードを公開しているため、リアルタイムでバグの修正依頼や指摘、その対応まで有志が担当できる。これにより、各々の問題になっている箇所やその対応状況、その際の会話内容が可視化された。なお、このDBはその後、10月にGood Design賞を受賞している。この流れは、東京都がCode for Japanの支援のもと、3月4日に公式の「新型コロナウイルス対策サイト」をGitHub上で公開し、集合知によってサイトの完成度を高めるとともに、ソースコードを非商用目的での複製や頒布を許諾するコモンズライセンスとする異例の対応を取ったことで、決定的なものになったといえる（同年のGood Designベスト100を受賞）。感染拡大に悩んでいた北海道では「＃JUST道IT」の名のもとに、東京都のサイトの北海道版が作成され、同様の動きは神奈川などにも広がった。こうした公共団体や企業による地理情報の可視化はesriジャパンやYahooによっても行われていくことになった。

　VGIを構成するのは、見返りを期待せず、自分の能力と時間の許す範囲内で無理なく社会貢献を果たそうとする精神である。コロナ禍の日本では、個人レベルでもこの精神に基づく動きがみられた。

　3月8日にいち早くDBを作成したのは、匿名の「けんもねずみ」氏だった。都道府県毎の発表基準・手法が統一されていず、特にPCR検査件数と検査陽性率はPDFで公表されていたため、氏はこれを手動でテキスト変換、CSV化したうえでGoogleのデータポータルを用いて公開していた。地図を用いた可視化サイトではないが、氏のDBは個人でいち早く関連デー

タの可視化を試みた例といえる。Code for Sabaeの代表者であり、福井県
鯖江市に本拠を置くベンチャー企業社長の福野泰介氏もまた、３月下旬に
都道府県別の病床使用率を図化し、これによって医療崩壊リスクが可視化
された。このデータは反響を呼び、稼働した３月下旬から一か月で100万回
以上アクセスが殺到した（毎日新聞　2020年４月29日）。

　富山も例外ではない。富山市出身で東京の大学に通う学生（寺田一世氏）
が中心となって３月に立ち上げられた「新型コロナウイルス感染症対策サ
イト」は４月８日に県公認となり、富山県新型コロナ対策本部との提携の
もと、県内各市区町村の感染者数や陽性率の推移などを様々なグラフ表現
で可視化している（毎日新聞　2020年５月８日）。

　コロナ禍のもとで進められたVGIにおいて、もうひとつ特筆すべきなの
は、社会的弱者になりがちな日本在住の外国人によるVGIを通じた社会貢
献がなされていたことである。韓国出身の九大生、李東燕（い どんよん）
氏は２月23日、感染者を赤、移動履歴が分かる人を青、治癒した人を緑で
示し、移動履歴を市区町村別の流線図にした「新型コロナウイルスの事例
マップ」を作成（10月30日に更新停止）し、もと中国人留学生のWei_Su
氏が３月３日に公開したcovid19.liveは、都道府県別の感染密度や感染状況
の推移を可視化した。こうした動きは、SDGsの「あらゆるレベルにおい
て、対応的、包摂的、参加型及び代表的な意思決定を確保する」、「国内法
規及び国際協定に従い、情報への公共アクセスを確保し、基本的自由を保
障する」といった理念にも合致するもので、有事の際には社会的弱者に陥
りがちな立場の人々から、マッピングを通じた積極的な参画がなされたと
いう意味においても注目すべき事態だったといえるだろう。

４．VGIの可能性と課題

　「貨幣・官僚制の複合体」による「社会全体の管理化に『異議申し立て』
をし、企業（経済）および行政（政治）権力から自律したところで形成さ
れる、自由な人々の連帯」（佐藤1986：162）という意味において、今般の
VGIはボランタリー・アソシエーションそのものであった。そんな彼らが、
トップダウン式の管理から生み出される自治体や国の公表する関連情報の

使い勝手の悪さやフォーマットの不統一などに、縷々不満を吐露していたのは象徴的であった。急速に進行する危機の前に、ツリー型（トップダウン式）の意思決定システムがいかに脆弱であるかを示したのが、コロナ禍であったといえる。

　ところで、VGIの輝かしい未来を予見したGoodchild（2007）は、同じ論文の中で、作成された情報の正確性やデジタルディバイドなどの倫理的課題にも言及している。ここで、コロナ禍のもとで進められたVGIの倫理的課題についても述べておきたい。

　厚労省が6月19日に公開した接触確認アプリCOCOAは、日本マイクロソフト社員の廣瀬一海氏を中心とするボランティアのオープンソース・プロジェクト「COVID-19Radar」をベースにして開発が進められた。善意ベースで進められていた同アプリの開発のイニシアチブは、5月8日の採用決定後は厚労省と委託先の業者に移った。ところが、その後Bluetoothへのアクセスを許可しないとiOS上で起動しなくなる不具合が判明。批判が殺到し、本人も協力を打ち切り、開発を降りてしまった。開発者の廣瀬氏はツイッター上で、移管の際のシステム変更の納期が3週間しかなかったことなどを明らかにしている。COCOAの件は、ボランティアでなされた貢献に、提供者がどの程度質的責任を負わなければいけないのかという倫理的課題を露呈させたといえる。

　もう1つの倫理的課題は、社会的な危機がもたらす悪意の拡散に関するものである。クエリ「china + and + coronavirus」を使用してTwitter APIからCOVID-19と中国に関する3,457,402ツイートを抽出したFan et al.（2020）は、このうち25,467件がヘイトスピーチであり、その量と貧困、失業率、恐怖の感情との関連性が高いことを示した。またアメリカを事例とする分析では、初症例が報告された時と、感染拡大が本格化した時期に、ヘイトスピーチの増加傾向がみられたという。この指摘は、3月19日から4月15日までの間に全米で1,497件の被害申告があったとするアジア太平洋政策計画評議会の報告とも矛盾しない（Jeung and Nham 2020）。

　第2波が襲った10月以降、フランスではアジア人の排斥を促すメッセージがSNS上で拡散、社会の分断が加速しつつある。拡散されたツイート例を一つ示そう。「パリの91、92、93、94、95の各区に住むアラブ人と黒人

図3　中国人への暴行を呼びかけるツイート
https://twitter.com/ruiwangfrance/
status/1321608375298379777/
photo/2

は、道で中国人を見つけたら襲撃
してくれ」と書かれている（図
3）。人は匿名に守られていると
錯覚すると、顕名のときのような
心理的抑制が働きにくくなる。
Suler（2004）はこれを「脱抑制
効果」と呼んだ。同ツイートがそ
うであるように、問題は、仮想空
間上の脅威が位置情報をもつこと
によって現実の空間へと投射され
ることである（Suzuki 2021）。

Velásquez *et al.*（2020）は、機
械学習に基づきコロナ関連ヘイト
スピーチや偽・誤情報を判別させ
る方法でSNS上の悪意あるコンテ
ンツの拡散過程を調査し、4 chから始まった悪意あるコンテンツがテレグ
ラム、Gab、FacebookなどほかのSNSに飛び火しクラスターを形成しながら
広がっていたことを明らかにした。現在のところ、こうした悪意あるコン
テンツの削除権限は各SNS運営会社にしかなく、SNSをまたいで拡散され
てしまうと抑止するのは極めて困難になる。EUでは2016年にヘイトスピー
チに関する自主的な行動規範が批准されたものの実効性は乏しく、フラン
スはオンライン上のヘイトスピーチを規制する新法（通称アヴィア法）を
めぐる渦中の中にあり（The Cube 2020）、アメリカでは投稿されたコンテ
ンツの内容についての法的責任がSNSの運営者にはないとしてきた通信品
位法（CDA）230条の可否をめぐって、激しい駆け引きが行われている
（Sink *et al.* 2020; Musil 2020）。

　こうしたSNSの特性から、電脳空間は時として国家や民族を背負った情
報戦の舞台の様相を呈することさえある。コロナは中国の武漢での発生が強
く疑われたことから、これを「武漢ウイルス」と呼ぶべきだとするアメリ
カ側と、これに反発しアメリカから輸入されたものだとする中国側との間
で軋轢が生じた。Wang *et al.* (2020)は、#USAVirusプロパガンダをリツ

イートした1,256のTwitterアカウントを追跡し、2020年6月12日Twitter
社により凍結される前に収集した3,567ツイートを内容分析した。その結
果、多くは英語で書かれている一方、その74%に長文の簡体字を画像ファ
イル化したものが添付されており、投稿時間分布も中国の労働時間に適合
していたという。その真偽はさておき、Wangらの報告は、かつてナチス
の御用学者によってなされた「帝国の研究」を鮮やかに想起させる
（Monmonier 1991）。こうしたSNS上のログに史料批判の観点から目を向
けることも可能だろう。

　先のフランスの事例では、中国人に対するヘイトスピーチに対抗し、「#
私はウイルスじゃない（# JeNeSuisPasUnVirus）」のハッシュタグも拡散
された。SNSはただの道具にすぎず、利用するのはあくまで人である。し
かし、地理情報を扱う研究分野の中で、利用者側の情報倫理に関する研究
は世界的にもまだほとんど手つかずの状態にある。今のところ、エンジニ
アがプラットフォームを構築するVGIでは、SNS上で頻発する非倫理的行
為からの影響は限定的である。しかし、Wikipediaと同じ集合知を活用す
るVGIが、データの不正確性のみならず荒らしや損壊行為のリスクに絶え
ず晒されているのもまた確かであろう（Viégas *et al.* 2004）。

5．おわりに

　100年後の我々が今日のコロナ禍を振り返る時、その総括の中には「人類
史上初めて、一般市民が地理情報を可視化するという行為を通じて全人類
的な危機に対峙したイベント」の言辞が含まれることになるだろう。
　一方でこの未知なる疾病は、国家によるプロパガンダや風説、ヘイトス
ピーチなど、人間の暗部をも（SNSを介して）瞬時に拡散させた。疾病と
同じように情報もパンデミックを起こす時代、善意も悪意も、拡散させる
のは同じ人間である。市民参加による地理情報が急速に普及していく現代、
我々はその両義的側面にも目を向けていくことが求められる。

注記：本稿執筆にあたり、次の科研費（20K01173、19K21619、17H00839）の助成を得た。執筆にあたり助言をくださった大西宏治先生に御礼申し上げる。

　なお本稿は Proceedings of the 7th International Conference on Geographical Information Systems Theory, Application and Management に採録された Civic-Tech and Volunteered Geographic Information under the COVID-19 Pandemic の内容を加筆修正したものである。

参考文献

佐藤慶幸1986.『ウェーバーからハーバーマスへ─アソシエーションの地平─』世界書院.

瀬戸寿一2011. 災害対応におけるボランタリーな地理空間情報の時空間的推移. 地理情報システム学会講演論文集20: B-2-4.

Fan, L., Yu, H. and Yin, Z. 2020. Stigmatization in social media: Documenting and analyzing hate speech for COVID-19 on Twitter. *Proceedings of the Association for Information Science and Technology* 57(1) e313.

Goodchild, M.F. 2007. Citizens as sensors: the world of volunteered geography. *GeoJournal* 69: 211–221.

Jeung, R. and Nham, K. 2020. Incidents of Coronavirus-related Discrimination. *A Report for A3PCON and CAA, April 23, 2020.*

Monmonier, M. 1991. *How to lie with maps*. University of Chicago Press.

Musil, S. 2020. Trump threatens veto of defense bill unless Congress nixes Section 230. https://www.cnet.com/news/trump-threatens-veto-of-defense-bill-unless-congress-nixes-section-230/(accessed: 2020.12.12)

Pyle, G.F. 1986. *The diffusion of influenza: Patterns and paradigms*. Rowman & Littlefield.

Sink, J., Egkolfopoulou, M. and Fabian, J. 2020. Twitter-Trump clash escalates after he signs social media order. https://www.bloomberg.com/news/articles/2020-05-28/trump-says-he-ll-sign-order-to-limit-twitter-s-legal-protections (accessed: 2020.12.12)

Suler, J. 2004. The online disinhibition effect. *CyberPsychology & Behavior* 7(3): 321–326.

Suzuki, K. 2021. #Purge: geovigilantism and geographic information ethics for connective action. *GeoJournal* 86.

https://doi.org/10.1007/s10708-019-10081-7

Taubenberger, J.K. and Morens, D.M. 2006. 1918 Influenza: the mother of all pandemics. *Emerging Infectious Diseases* 12(1): 15-22.

The Cube 2020. 'We need to go a step further': French MP Laetitia Avia says more action is needed on online hate.
https://www.euronews.com/2020/10/23/we-need-to-go-a-step-further-french-mp-laetitia-avia-says-more-action-is-needed-on-online- (accessed: 2020.12.12)

Velásquez, N., Leahy, R., Restrepo, N.J., Lupu, Y., Sear, R., Gabriel, N., Jha, O., Goldberg, B. and Johnson, N.F. 1. 21 Apr 2020. Hate multiverse spreads malicious COVID-19 content online beyond individual platform control. *arXiv:2004.00673v2*

Viégas, F.B., Wattenberg, M. and Dave, K. 2004. Studying cooperation and conflict between authors with history flow visualizations. *Proceedings of the SIGCHI conference on Human Factors in Computing Systems* 6(1): 575-582.

Wang, A.Horng-E., Lee, Mei-C., Wu, Min-H. and Shen, P. 2020. Influencing overseas Chinese by tweets: text-images as the key tactic of Chinese propaganda. *Journal of Computational Social Science.* https://doi.org/10.1007/s42001-020-00091-8

Zhou, C., Su, F., Pei, T., Zhang, A., Du, Y., Luo, B., Cao, Z., Wang, J., Yuan, W., Zhu, Y., Song, C., Chen, J., Xu, J., Li, F., Ma, T., Jiang, L., Yan, F., Yi, J., Hu, Y., Liao, Y. and Xiao, H. 2020. COVID-19: Challenges to GIS with big data. *Geography and Sustainability* 1(1): 77-87.

新型コロナウィルスがもたらす心理

黒川光流

1. はじめに

　新型コロナウィルス感染拡大は，我々の生活の様々なところに大きな影響を及ぼしている。その影響が長期化するにつれ，新型コロナウィルスに対する我々の態度や行動は変化してきている。感染拡大初期には，強制力のない要請であったとしても，我々はそれに従い，当たり前のように不要不急の外出や他者との接触を自粛するよう努めていた。しかしその後，第2波，第3波の到来が専門家やメディアによって伝えられても，人出の多い場所への外出や多人数での会食を，要請だけでは自粛しようとはしない人が増えているように感じられる。感染拡大を防止するために効果的とされる行動をとらないだけでなく，感染リスクが高い行動をとる人さえ見受けられる。この間に我々にどのような変化があったのだろうか。

　一方，新型コロナウィルス感染拡大が災害であると捉えるならば，その被害者の立場にある感染者や，災害の最前線で新型コロナウィルス感染症に立ち向かっている医療従事者に対する差別的な行為や過剰な非難は，感染拡大初期から変わらず問題となり続けている。

　このような，新型コロナウィルスによってもたらされた，我々の態度や行動に対する影響について，従来からある知見を応用しながら，心理学的に考察する。

2. 新型コロナウィルスに対する心理

2. 1. 自粛する心理／自粛しない心理

　コロナ禍における我々の行動を，まずは「欲求」という観点から考えてみる。「〜したい」と思う気持ちである欲求が源泉となって，我々の行動は生起している。人は日常生活の中で様々な欲求を感じるのだが，Maslow(1954)は，それらを図1に示すような5つの階層に分類し，下の階

86

層から段階的に満たされると主張している。

　食欲や睡眠欲求などを含む最下層の「生理的欲求」や，生命の安全を求める下から2つ目の階層の「安全欲求」は，長期間満たされなければ死につながる欲求であり，一次的欲求とも呼ばれている。これらが満たされて初めて，人は他者との親密な関係を求める「所属・愛情欲求」や，他者から賞賛されたり高く評価されたりすることを求める「承認・自尊欲求」を感じるようになる。

図1　欲求の5つの階層

　新型コロナウィルス感染拡大の初期に，世界の，日本の，そして自分が住む都道府県の感染者数や関連する死者数が日に日に増加するのを目の当たりにし，また誰もが知る著名人の症状の重篤化や死亡に関する情報に触れたことで，我々は生命の維持やその安全に対する脅威を実感するようになったのではないだろうか。すなわち，我々は一次的欲求が満たされていない状態にあったと考えられる。下位の階層の欲求は上位の階層の欲求よりも優先され，しかも強力である。そのため我々は，他者との関わりより自身の生命の維持や安全を優先させた行動に強く動機づけられ，不要不急の外出や他者との会食を自粛することができたのであろう。

　しかし，感染者の増加が抑制されると，緊急事態宣言は解除され，「GOTO キャンペーン」などにより旅行や外食が促されるようになった。また，新型コロナウィルス感染症からの回復や重症化しない事例，あるいは無症状の感染者の存在などが広く知られるようになってきた。それによって，我々は生命の維持や安全への欲求をあまり感じない状態になったのではないだろうか。そのため，自粛期間中は犠牲にしていた他者との親密な関わりを求める気持ちが強くなり，人出の多い場所への外出や多人数での会食を避けようとしなくなったのではないかと考えられる。

　ただし，事業者から見ると，営業を自粛したり営業時間を短縮したりすることが，収入の減少や生活の困窮につながり，生命維持の脅威となり得る。感染しても軽症や無症状である可能性のある新型コロナウィルスの感

染リスクが多少高まったとしても，自分たちの生活や生命を守ろうとする
欲求が強くなり，補償を伴う要請や罰則を伴う命令がない限りは，営業の
自粛・時間短縮をするよりも従来どおりに営業しようと行動したとしても
不思議なことではない。

2．2．対処行動をとる心理／とらない心理

　我々は新型コロナウィルス感染を予防するために，こまめな手指の洗浄
や消毒，あるいは外出時のマスクの着用をするようにしている。3密回避
は常識となり，透明なアクリル板を挟んで会話をしたり，食事をしたりす
る光景も珍しいものではなくなってきている。我々は政府や自治体，ある
いは専門家による提案・推奨を受入れ，このような対処行動をとっている。
つまり，我々が新型コロナウィルスへの対処行動をとるか否かは，政府や
自治体，あるいは専門家から一般市民への説得的コミュニケーションの結
果であると考えることができる。

　危険が迫っていることを強調し，その危険を回避するための対処行動を
勧告する形式の説得的コミュニケーションは，恐怖アピールあるいは情緒
的アピールと呼ばれている。新型コロナウィルス感染症の人体に及ぼす悪
影響や死につながる可能性など，その恐ろしさをアピールし，その予防の
ために手洗い，マスク着用，外出自粛などを推奨するのは，この恐怖アピー
ルに相当する。

　改訂防護動機理論（Rogers, 1983）によると，説得を受け入れ，対処行
動をとるように動機づけられるか否かには，まず恐怖アピールによって喚
起される恐怖感情の強さが関与している。その恐怖感情の強さは危険の生
起確立と危険の深刻さの認知によって規定される。自分の身に危険が生じ
る可能性を高く見積もっても，その危険が深刻なものでなければ恐怖感情
は強まらない。また，重大な危険があったとしても，その危険に遭遇する
可能性を低く見積もれば，やはり恐怖感情は強まらない。深刻な危険が自
分に降りかかる可能性を高く見積もったときに，我々が感じる恐怖感情は
強くなるのである。

　さらに，対処行動の有効性認知や実行可能感も，説得の効果に関与して
いる。勧告された対処行動を実行すれば，危険の生起確立が減少する場合，

危険の深刻さが低減する場合，あるいはその両方の場合，対処行動の有効性が高く認知される。また，対処行動を実行するのに必要な知識やスキル，そして十分な資源を有しているときには，対処行動は自分にも実行可能であると感じるようになる。

　図2に示すように，対処行動の有効性を感じられなければ，恐怖感情が強くても対処行動を実行しようとする意図は高まらない。一方，実行可能な対処行動の有効性を高く認知している場合には，強い恐怖を感じているほど，対処行動を実行する意図は高まるのである。

　我々は各都道府県の感染者数に関する情報に触れることで，自分や関わりのある人たちの周囲にも感染する可能性があることを感じ，

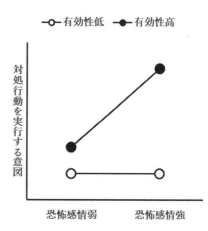

図2　恐怖感情と対処行動の有効性が説得に及ぼす効果

また症状の重篤さや関連死に関する情報に触れることで，その深刻さを感じるようになった。つまり，我々は強い恐怖感情を喚起された状態にあったと言える。そのようなときに，手指の洗浄や消毒，マスクの着用，あるいは3密回避が感染予防に効果的であることを示す情報に触れ，またその実行が困難なものではないと感じたため，推奨されるそれらの対処行動を実行しようとする意図が高まったのではないかと考えられる。

　しかし，外出時にはマスクを着用していたにも関わらず，あるいは多人数での会食を控えていたにも関わらず，新型コロナウィルスに感染してしまう事例が報告されるようになった。感染経路が不明であることも多くなってきた。このような事態が，対処行動の有効性の認知を徐々に低下させている可能性がある。また，マスクを着用せずに外出しても，多くの人が集まる場所に出かけても，あるいは大勢で食事をしても，新型コロナウィルスに感染するとは限らず，むしろ感染しないことの方が多いだろう。つまり，感染症を予防するための対処行動は，とらなければ感染リスクを高め

るものの，とらなくてもただちに感染するわけではないため，その有効性
を高くは見積もりにくいものである可能性もある。

　感染拡大初期には，需要に供給が間に合わず，マスクや消毒液が手に入
りにくい状況にあった。つまり，対処行動を実行するのに必要な資源が十
分にはなく，実行が困難な状況にあったと言える。また，これまでには当
たり前のように行ってきた他者との会話や会食など，他者との親密な関わ
りを長期間にわたって我慢しなければならないことは，我々にとっては非
常にストレスフルで，心理的なコストを必要とすることであり，実行し続
けるのは困難なことであろう。

　対処行動が有効でなかったり，実行するのが困難であったりするという
ことは，回避できない危険が自分に迫っているということを意味している。
この危険が迫っている感覚に耐えられなくなると，人は危険を無視したり，
過小評価したり，ときには対処行動を推奨する相手に反発したりすること
もある。感染しても大したことはない，対処行動をとってほしいならエビ
デンスを示してほしいなどと言いながら対処行動をとらないだけでなく，
自分の周りには感染者はいない，会食やカラオケをしたくらいでは感染な
んてしないなどと考え，感染リスクが高い行動さえとってしまうのには，
このような心理も作用していると考えられる。

　強制力のない説得的コミュニケーションでは対処行動をとらない人がい
るのであれば，従わなければ罰則のある命令を用いてはどうかと考える人
がいるかも知れない。命令を用いれば，表面的にはそれに従う人が増える
ことが予想される。しかし，心理的リアクタンス理論（Brehm, 1966）に
よると，人は強制や禁止によって自由を制限されると，反発心が生まれ，
強制されたこととは反対の行動を実行したり，禁止された行動をわざと実
行したりするようになる。命令によって対処行動をとることを強制された
り，感染リスクが高い行動を禁止されたりすれば，対処行動をとらなかっ
たり，あえて感染リスクが高い行動をとる人が増加する可能性がある。少
なくとも，自分がしたいことをできない不満は高まるだろう。対処行動を
とること，感染リスクが高い行動を控えることを，最終的には自分で決断
することが，その実行水準や継続意図を高めると考えられる。

3．新型コロナウィルスがもたらした心理

3．1．感染者を攻撃する心理

　新型コロナウィルス感染拡大が，意図的にもたらされたものではなく，偶発的に発生した災害であるならば，感染者は被害者である。そうであるにも関わらず，感染を防げなかった人，あるいは感染を拡大させた人かのように感染者を見なし，差別的な扱いをする人たちがいる。感染者に対するこのような行為を，攻撃行動として捉えてみる。

　フラストレーション－攻撃理論 (Dollard, Doob, Miller, Mowrer, & Sears, 1939) によると，欲求を充足しようとする行動が妨害された状態であるフラストレーションを経験すると，その妨害源を除去するための行動に使用される心的エネルギーが我々の内に発生する。その心的エネルギーを消費して行動した結果，妨害源が除去されれば，フラストレーションは解消される。しかし，妨害源が容易に除去されない場合には，心的エネルギーは発生し続け，妨害源とは別の対象に対して暴発し，攻撃行動が誘発されるのである。

　新型コロナウィルスの脅威下で，我々は自分や身近な人たちの生命の安全を守りたいという欲求を感じるようになった。しかし，対処行動をとったとしても，新型コロナウィルスに感染するかも知れないという危機感を完全に払拭することはできない。また，対処行動をとるためには，他者との親密な関わりや娯楽を求める気持ちを抑え，これまでは比較的自由に行ってきた，それらの気持ちを満たすための行動を我慢しなければならない。つまり，我々は強いフラストレーション状態にあると言える。生命の安全を守りたい，あるいは他者と楽しい時間を過ごしたいなどの欲求の充足を妨害しているのは新型コロナウィルスそのものである。フラストレーションによって生じた心的エネルギーは本来，その原因である新型コロナウィルスを除去するための行動に使われるはずである。しかし，我々のどのような対処行動も，新型コロナウィルスそのものを除去することはできない。そのため，心的エネルギーは発生し続け，感染者や医療従事者に直接的あるいは間接的に接したときに暴発し，その対象に対する攻撃行動を引き起こすのに使われることになる。

3．2．感染者を悪者扱いする心理

　感染者を直接的には攻撃しないものの，感染するような不適切な行為を日常的にするような人，あるいは感染拡大防止に日頃から取り組めない人のように，感染者を人格的にも問題のある悪者扱いする人も少なくはないだろう。

　社会的アイデンティティ理論（Tajfel & Turner, 1986）によると，我々は自分自身について考え，理解しようとするとき，自らが属するカテゴリーを参照する。例えば，私は「人文学部」の学生である，「富山県」に住んでいる，などのように所属カテゴリーに基づいて自分自身を定義する。そのとき，自分が属するカテゴリーの価値や権威を高める，あるいは自分が属していないカテゴリーの価値や権威を低下させることで，自己評価や自尊心の高揚，あるいは低下の防止が図られる。富山県の感染者数が近隣他県と比較して少なかったとき，富山県に住む人々は富山県民であることを誇り，優越性を感じていたのである。

　またそのとき，同一カテゴリー内では「類似性」が高く見積もられるのに対し，異なるカテゴリー間では「差異性」が高く見積もられる。我々同士はよく似た特徴をもっているが，我々とあの人たちとは違うと感じやすくなるのである。あるカテゴリーが全体として優れた特徴をもっていたとしても，同一カテゴリー内で類似性が高くないと，そこに属する全員が優れていることにはならない。また，あるカテゴリーが別のカテゴリーと比較して優れていたとしても，異なるカテゴリー間で差異性が高くないと，カテゴリー間の優劣の差は小さなものに感じられてしまう。つまり，自らが属するカテゴリーの他のカテゴリーと比較した長所や有利な点を強調したり，所属していないカテゴリーの短所や不利な点を強調したり，ときにはそれらを作り出したりして，自分たちの優位性を示そうとするのである。

　新型コロナウィルスの脅威下で自分自身について考えるときには，「感染者」であるか「非感染者」であるかというカテゴリーが参照されやすくなると考えられる。身体的不調を伴い，行動がかなり制限され，死の恐怖を感じることさえある新型コロナウィルスの「感染者」と比較して，まだそのような不利益を被っていない「非感染者」は優位な立場にあると言える。

「非感染者」に属する人々からすると，「感染者」と「非感染者」との差異が小さければ，自分たちもいつか「感染者」になるのではないかという脅威を感じる。そのため「非感染者」は，自分たちとは異なる「感染者」の好ましくない特徴を強調して意識するようになる。その際，好ましくない特徴が，稀に不注意で行った行為，あるいは偶然に行った行為に基づくものであるならば，「非感染者」も同様の行為を行ってしまう可能性がある。しかし，不適切な行為が日常的な態度や性格に基づくものであるならば，それは「非感染者」にはない，「感染者」に特有の特徴となる。「非感染者」は「感染者」を日常的に不適切に振る舞い，日頃から不注意な行動を行う，人格的に問題のある悪者とみなし，ときには誹謗中傷さえしてしまうことで，「感染者」になる脅威から自分を守っていると考えることができる。

　また我々は，程度の差はあるものの，正当世界の信念（Lerner, 1980）といものをもっている。これは，この世の中は，報酬を得るに値する人が報酬を得て，罰を受けるに値する人が罰を受けるような仕組みをもつ公正な世界である，という信念のことである。不幸な出来事の犠牲になっている人がいて，その人を救う手立てが自分にはないという状況は，正当世界の信念を強くもっている人にとって，その信念に対する脅威となる。その脅威を払拭するために，犠牲者は不幸な目に遭うのに値する好ましくない特徴をもっていると思い込むことで，公正な世界を守ろうとする。つまり，感染者に非がないのであれば，それは正当世界の信念に対する脅威となるため，感染の被害に値する好ましくない特徴を感染者はもっていると思い込み，感染者を悪者とみなしているとも考えられる。

3．3．医療従事者に対する心理

　感染者だけでなく，新型コロナウィルス感染症に最前線で立ち向かっている医療従事者までもが，近所に住んでいるということだけで嫌悪感を示されたり，その子どもが学校や保育園に通うことを拒否されたりしたとの話を聞くことがある。

　新型コロナウィルスは肉眼では観察することができないため，新型コロナウィルス自体を，「感染者」と「非感染者」とを区別する手がかりとして利用することはできない。しかし手がかりがなければ，「感染者」と「非感

染者」との境界は曖昧になり，「非感染者」としての優位性を示すことができなくなる。それだけが原因であるわけではないだろうが，匿名で報道された感染者を特定し，個人情報を公にしようとする人がいるのは，この手がかりを得ることに強く動機づけられているためだと考えることもできる。

　ただし，人はもっと入手しやすい情報を手がかりとして用いるだろう。例えば，新型コロナウィルス感染症に関する報道は，最も入手しやすい情報の1つである。医療従事者に感染者が発生したという情報に触れると，医療従事者であるか否かが「感染者」と「非感染者」を区別する手がかりとして用いられやすくなる。そのとき，実際に感染しているか否かは考慮されず，医療従事者は「感染者」と同等にみなされてしまう。新型コロナウィルス感染症の治療は医療従事者によって行われるため，新型コロナウィルスと医療従事者とはもともと関連付けられやすい状態でもあり，医療従事者であることは手がかりとして利用されやすいと考えられる。医療従事者の中でも，医師か，看護師か，医療事務員か，あるいは何科に配属されているのかなどによって，感染者との近さには大きく違いがあるだろう。しかし，医療従事者というカテゴリーに属する人同士の類似性は高く認知され，細かな違いは無視されるため，医療従事者はすべて同等に，差別や偏見の対象となってしまうのではないかと考えられる。

4．おわりに

　新型コロナウィルスの脅威下にある人間の行動を心理学的に考察してきた。しかし，人間の行動が生起するメカニズムは複雑であり，多様な事柄の影響を受けている。そのため，人間の行動を単一の理論のみで説明するのは不可能であり，異なる解釈や説明も可能であろう。また，新型コロナウィルス感染拡大を防止するために効果的な行動をとれないどころか，感染リスクが高い行動さえとってしまう心理過程，あるいは感染者や医療従事者に差別的・攻撃的行動をとる心理過程が理解できたとしても，それらを防止し，より適切な行動を導き出すために必要な条件は，まだ十分に解明されているとは言えない。さらに，新型コロナウィルスがもたらす影響の長期化は，感染者の罪悪感や遠隔授業・テレワークによるストレスなど，

新たな問題を生起させている。心理学の諸領域の間でだけでなく，他の学問分野とも連携しながら，これらの問題に対応していくことが必要である。

参考文献

Brehm, J. W. (1966). *A theory of psychological reactance*. New York: Academic Press.

Dollard, J., Doob, L. W., Miller, N. E., Mowrer, O. H., & Sears, R. R. (1939). *Frustration and Aggression*. New Haven: Yale University Press.

Lerner, M. J. (1980). *The belief in a just world: A fundamental delusion*. New York: Plenum Press.

Maslow, A. H. (1954). *Motivation and personality*. New York: Harper.

Rogers, R. W. (1983). Cognitive and physiological processes in fear appeals and attitude change: A revised theory of protection motivation. In J. T. Cacioppo & R. E. Petty (Eds.), *Social psychology: A source book*. New York: Guilford Press. Pp.153-176.

Tajfel, H. & Turner, J. C. (1986). The social identity theory of intergroup behavior. In S. Worchel & W. G. Austin (Eds.), *Psychology of intergroup relations*. 2nd ed. Chicago: Nelson-Hall. Pp.7-24.

富山大学人文学部　人文知コレギウム特別シンポジウム

感染症と人文学

2020年11月7日(土)
13:00-17:00

オンライン開催(Zoom)
要事前登録

11月3日までに下記よりお申し込みください。
追って詳細をお送りします。

1709-13年のペストとスウェーデン（入江幸二）

近代フランス社会と感染症：ウィズ・コレラからアフター・コレラへ（梅澤礼）

20世紀初頭アメリカにおける感染症と公衆衛生：「腸チフスのメアリー」の記憶（小野直子）

ラフカディオ・ハーンと感染症②：『コレラの時代に』考（中島淑恵）

パンデミックと現代文学：20世紀ディストピア小説をふりかえる（武田昭文）

富山大学人文学部人社系総務課　jinbuns@adm.u-toyama.ac.jp

富山大学人文学部富山循環型「人文知」研究プロジェクト公開研究交流会

第20回「人文知」コレギウム

～日本語の世界～

2020年11月18日（水）13:30-15:30

中井精一（東アジア言語文化コース教授）
「南米日系人の日本語と日本文化－世代間継承に注目して－」
　本発表では、ブラジル富山県人会および各移住地で実施した聞き取り調査をもとに、日系人社会が共有し受け継いできた伝統文化や習慣、言語生活や方言について報告する。とともに、調査から見えてきた南米日系人社会における日本語および日本文化の継承とその意義について考えてみたいと思う。

樋野幸男（言語学コース教授）
「ミンナ解ケテル準体方程式から、ある種の主節動詞に起因する準体構造の形式化」
　日本語では、文の中に文を埋め込むと《準体》を形成する。［太郎ガ遊ンデイタ］を［花子ガ［ソレ］ヲ見タ］に埋め込むと「花子は太郎が遊んでいるのを見た。」となる。本報告は、準体構造を概観して問題点を指摘し、樋野が主張する事象準体・属性準体につづく第３の準体を、従来の《主要部内在型関係節》から新たな理解へ転換する。

オンラインZOOM開催（要事前申込）
右のQRコードからお申し込みください。
後日、登録されたメールアドレスに詳細をお送りします。
申込締切：2020年11月15日（日）
学生・一般の方の聴講歓迎。無料。

お問い合わせ　富山大学人社系総務課（人文担当）　jinbuns@adm.u-toyama.ac.jp

富山大学人文学部富山循環型「人文知」研究プロジェクト公開研究交流会

第21回「人文知」コレギウム

「コロナ特別企画①」

2020年12月16日（水）13:30-14:30

「特別企画②」は、2021月2月3日（水）13:30-15:30に開催予定

鈴木晃志郎（社会文化コース地理学准教授）
「COVID-19をめぐるボランタリーな地理情報（VGI）の最前線」

　新型コロナウイルス感染症は、ミクロな危機に対して我々の社会がいかに脆弱であったかをまざまざと見せつける一方、人類史上初めて一般市民が地理情報を可視化するという行為を通じて之に対峙したイベントとしても記憶されることになるだろう。本発表はVGIを導きの糸として、感染症をめぐる社会の光と影に光を当てることをめざす。

オンラインZOOM開催（要事前申込）
下記URLまたはQRコードからお申し込みください。
https://docs.google.com/forms/d/e/1FAIpQLSfzrUR6Rt-
4NDppxGg8KcJ5b6ZO2vDYJeFxHyUDmvng88yL7w/viewform?vc=0&c=0&w=1&flr=0&usp=mail_form_link

申込締切後、登録されたメールアドレスに
詳細をお送りします。
メールアドレスに誤りがあると案内をお送り
することができませんので、ご注意ください。
前日までに連絡がない場合は、下記総務課に
お問い合わせください。
申込締切：2020年12月13日（日）
学生・一般の方の聴講歓迎。無料。

お問い合わせ　富山大学人社系総務課（人文担当）　jinbuns@adm.u-toyama.ac.jp

富山大学人文学部富山循環型「人文知」研究プロジェクト公開研究交流会

第22回「人文知」コレギウム
「コロナ特別企画②」
2021年2月3日（水）13:30-15:30

林夏生（社会文化コース准教授）
「感染症とセクシュアリティの二重スティグマ化―
COVID-19下の韓国LGBTQコミュニティに起きたこと」
　積極的なCOVID-19対策を行った韓国では、2020年5月に新規感染者がほぼゼロまで減少。しかしある日、ソウル市内で集団感染が発生し、一部メディアが「感染者はゲイクラブやバーに立ち寄っていた」と報じたことで、激しいゲイ・バッシングやアウティングを行う報道やネット書き込みが相次いだ。この危機を、韓国のLGBTQコミュニティと行政はどう乗り越え、私たちはそこから何を学べるのか。HIV/AIDS流行以来、特定の感染症とセクシュアリティがスティグマ化されてきた歴史を踏まえ、検討する。

黒川光流（心理学コース准教授）
「新型コロナウィルスがもたらす心理」
　新型コロナウィルス感染拡大は、我々の生活に大きな影響を及ぼしている。その影響が長期化するにつれ、新型コロナウィルスに対する我々の態度や行動は変化してきている。一方、感染者や医療従事者に対する差別的な行為は問題となり続けている。このような、新型コロナウィルスが我々の行動や態度にもたらした影響について、心理学的に考察する。

オンラインZOOM開催（要事前申込）
下記URLまたはQRコードからお申し込みください。
https://docs.google.com/forms/d/e/1FAIpQLSd1b29ezzL05wKerXnqn3FDhODbNGE3dn-
4fBMI5gBWsE4rmg/viewform?vc=0&c=0&w=1&flr=0&usp=mail_form_link

申込締切後、登録されたメールアドレスに
詳細をお送りします。
メールアドレスに誤りがあると案内をお送り
することができませんので、ご注意ください。
前日までに連絡がない場合は、下記総務課に
お問い合わせください。
申込締切：2021年1月31日（日）
学生・一般の方の聴講歓迎。無料。

お問い合わせ　富山大学人社系総務課（人文担当）　jinbuns@adm.u-toyama.ac.jp

富山大学人文学部富山循環型「人文知」研究プロジェクト公開研究交流会

第23回「人文知」コレギウム「国家建設を考える」

2021年3月10日（水）13：30-14：30

須永修枝（社会文化コース特命助教）
「未承認国家とディアスポラ
　〜ロンドンの『ソマリランド・ディアスポラ』の動向〜」

　未承認国家であるソマリランドの発足と国家建設を考える際にディアスポラの存在は看過できない。しかし、そもそも「ソマリランド・ディアスポラ」とはどのように捉えられる存在なのだろうか。本報告では、ロンドンでの調査結果をもとに「ソマリランド・ディアスポラ」の捉え方を考えたうえで、ディアスポラとソマリランドの国家建設との関係を論じる。

オンラインZOOM開催（要事前申込）
下記URLまたはQRコードからお申し込みください。
https://docs.google.com/forms/d/e/1FAIpQLSc3M4QrM2NW2ZOxpXH-J12pLPb_5ewXHPX9IOIc006h3zpkhg/viewform?vc=0&c=0&w=1&flr=0&usp=mail_form_link

申込締切後、登録されたメールアドレスに
詳細をお送りします。
メールアドレスに誤りがあると案内をお送り
することができませんので、ご注意ください。
前日までに連絡がない場合は、下記総務課に
お問い合わせください。
申込締切：2021年3月7日（日）
学生・一般の方の聴講歓迎。無料。

お問い合わせ　富山大学人社系総務課（人文担当）　jinbuns@adm.u-toyama.ac.jp

執筆者紹介（目次順）

中井精一（人文学部言語文化領域東アジア言語文化コース日本語学）

入江幸二（人文学部思想・歴史文化領域歴史文化コース西洋史）

梅澤　礼（人文学部言語文化領域ヨーロッパ言語文化コースフランス言語文化）

中島淑恵（人文学部言語文化領域ヨーロッパ言語文化コースフランス言語文化）

小野直子（人文学部思想・歴史文化領域歴史文化コース西洋史）

武田昭文（人文学部言語文化領域ヨーロッパ言語文化コースロシア言語文化）

鈴木晃志郎（人文学部行動・社会文化領域社会文化コース人文地理学）

黒川光流（人文学部行動・社会文化領域心理学コース心理学）

富山大学人文学部叢書Ⅳ

人文知のカレイドスコープ

2021年3月31日 初版発行　　　　　　定価1,300円＋税

編　者　富山大学人文学部
発行者　勝 山 敏 一
発行所　桂 書 房
　　　〒930-0103　富山市北代3683-11
　　　電話 076-434-4600 / FAX 076-434-4617

印刷／モリモト印刷株式会社